现代广告创意与设计研究

谭 雯◎著

图书在版编目（CIP）数据

现代广告创意与设计研究 / 谭雯著. — 长春：吉林出版集团股份有限公司，2024.3
ISBN 978-7-5581-6309-8

Ⅰ.①现… Ⅱ.①谭… Ⅲ.①广告设计—研究 Ⅳ.
①F713.81

中国国家版本馆 CIP 数据核字 (2023) 第 205739 号

现代广告创意与设计研究
XIANDAI GUANGGAO CHUANGYI YU SHEJI YANJIU

著　　者	谭　雯
责任编辑	沈　航
封面设计	张　肖
开　　本	710mm×1000mm　　1/16
字　　数	200 千
印　　张	11.5
版　　次	2024 年 3 月第 1 版
印　　次	2024 年 3 月第 1 次印刷
印　　刷	天津和萱印刷有限公司

出　　版	吉林出版集团股份有限公司
发　　行	吉林出版集团股份有限公司
地　　址	吉林省长春市福祉大路 5788 号
邮　　编	130000
电　　话	0431-81629968
邮　　箱	11915286@qq.com
书　　号	ISBN 978-7-5581-6309-8
定　　价	72.00 元

版权所有　翻印必究

作者简介

谭雯就职于山东省潍坊市潍坊学院美术学院（陈介祺金石书法学院），讲师，英国利兹大学纺织学院艺术设计学硕士，菲律宾女子学院教育哲学博士，获 TEFL 英语教师资格证书，主持并参与多项科研项目。

主要研究方面：广告创意设计与开发、纤维艺术的表现形式、创意美术设计。

前 言

广告活动是一种新媒体传播行为,是一种特殊的传播形态和传播方式。在现代社会,广告不仅直接对市场和经济活动产生效用,而且从各个方面渗透到我们的生活中,影响人们的观念和行为,甚至成为人类生活方式的一种诠释。

现代广告既是一门科学,也是一门艺术。广告设计既要建立在科学的理论和方法上,同时又必须遵循艺术创作的规律。设计是有目的的策划,广告设计包含了文字设计、色彩设计、图形设计、编排设计等诸多视觉传达的语言,也离不开创意思维、创意方法表达。

广告的核心部分在于创意,吸引观众的也是创意。因此,掌握广告创意的实质是保障广告产生市场冲击力的关键。广告艺术有着与其他艺术形式相同的特征,也有着与其他艺术相同的审美价值,经过艺术处理之后具有非常强的感染力。

在数字智能媒体时代,广告业的动态发展状态决定了今后广告人不仅要进行广告作品的创意制作,也要把创意运用于各种数字媒体平台上的商业资讯的整合化营销运作中。这要求广告人从过去的小智慧运用转向大智慧发展。在数字传播的网络化时代,能否综合运用各种营销平台、有效运作产品和服务信息的营销,将是衡量广告创意好坏的标准。

本书共分为五章。第一章为广告概述,主要就广告的基本概念、现代广告的理念、广告的发展变化三个方面展开论述;第二章为现代广告设计原理,主要围绕现代广告设计的色彩原理、现代广告设计的视觉原理、现代广告设计的形式原理展开论述;第三章为现代广告创意思维和表现,依次介绍了现代广告创意思维概述、现代广告创意的表现形式、现代广告创意的表现规律三个方面的内容;第四章为现代广告设计的传播和发展，依次介绍了现代广告设计的发展、现代广告设计的传播方式两个方面的内容；第五章为数字媒体时代广告的创意和设计，分为三部分内容，依次是网络广告的发展、数字媒体下的广告创意、数字媒体下的广告设计。

在撰写本书的过程中，作者得到了许多专家、学者的帮助和指导，参考了大量的学术文献，在此表示真诚的感谢。但由于作者水平有限，书中难免会有疏漏之处，希望广大同行和读者及时指正。

谭雯

2023年3月

目录

第一章　广告概述 ·· 1
　第一节　广告的基本概念 ·· 3
　第二节　现代广告的理念 ·· 15
　第三节　广告的发展变化 ·· 21

第二章　现代广告设计原理 ··· 33
　第一节　现代广告设计的色彩原理 ······································ 35
　第二节　现代广告设计的视觉原理 ······································ 49
　第三节　现代广告设计的形式原理 ······································ 63

第三章　现代广告创意思维和表现 ······································ 75
　第一节　现代广告创意思维概述 ··· 77
　第二节　现代广告创意的表现形式 ······································ 90
　第三节　现代广告创意的表现规律 ······································ 101

第四章　现代广告设计的传播和发展 ··································· 111
　第一节　现代广告设计的发展 ·· 113
　第二节　现代广告设计的传播方式 ······································ 126

第五章　数字媒体时代广告的创意和设计 …………………………………… 141
　第一节　网络广告的发展 ………………………………………………… 143
　第二节　数字媒体下的广告创意 ………………………………………… 151
　第三节　数字媒体下的广告设计 ………………………………………… 163

参考文献 ………………………………………………………………………… 173

第一章　广告概述

　　广告是广告主在付酬的基础上,有计划地通过大众媒体以艺术表现形式传达商品、劳务和理念的信息,以达到促销目的的企业整体营销与传播活动。本章内容为广告概述,主要就广告的基本概念、现代广告的理念、广告的发展变化三个方面展开论述。

第一节 广告的基本概念

广告是人们生活或工作中不可缺少的事物，不仅贯穿于人类经济生活的各方面，而且涉及人类的社会生活。随着经济全球化的发展，广告在现代经济与整个社会发展中的作用越来越突出。

一、探究"广告"一词的渊源

"广告"一词的含义，并不是一成不变的。

在英文中，与"广告"对应的单词有 advertising、advertisement 和 commercial。一般认为，advertising 的动词 advertise 与拉丁文 advertere 之间存在词源关系，原意是"唤起大众对某种事物的注意，并诱导于一定的方向所使用的一种手段"。advertisement 第一次出现是 1645 年，《The Weekly Account》杂志第一次开辟广告专栏，首次在表述"广告"这个意思时使用了沿用至今的"advertisement"一词。在实际使用中，虽然 advertising、advertisement 和 commercial 都可以用来指称"广告"，但它们的侧重点各不相同：advertisement 一般用在表述广告作品或平面广告的场合，advertising 一般用在表述广告统称或广告活动的场合，而 commercial 则一般用在表述商业广告或影视广告的场合。

在汉语广泛使用"广告"一词以前，用得更多的是"告白"，随后，"告白"与"广告"并用，直至民国时期，"广告"才逐渐取代"告白"，成为通用的说法。

"告白"是汉语源词，原本是动词，表示"汇报""报告"的意思，作为名词则在明代后期就已经用来表示向公众介绍信息之意。到了清末，近代中国本土广告活动逐渐活跃，"告白"也被更加广泛地使用。

中文"广告"一词的情况略显复杂。早在隋唐时期，佛教典籍中就已经把"广""告"两个字结合在一起，用来描述佛法传播的仪式。这里的"广告"作为偏正词组，包含了"广而告之"的意思，强调人际传播。而指代经由大众媒介进行传播、现代意义上的广告活动的"广告"一词则受到日文"广告"的影响。"应告"是日文对 advertisement 的对译，早期留日的华人政治家和报人接受了"应告"

的观念，并将其与中文既有的词语"广告"对应起来使用，完成了一个"回归借词"逆向输入的过程。

二、中外文献对"广告"的定义

《辞海》中广告的定义："为某种特定需要，通过媒体向公众传递信息的一种宣传方式。一般指介绍商品、劳务和企业等信息的商业广告。"

《简明不列颠百科全书》给广告下的定义："广告是传播信息的一种方式，其目的在于推销商品、劳务，影响舆论，博得政治支持，推进一种事业或引起刊登广告者所希望的其他反应。广告信息通过各种宣传工具，其中包括报纸、杂志、电视、无线电广播、张贴广告及直接邮送等，传递给它所想要吸引的观众和听众。广告不同于其他传递信息的形式，它必须由登广告者付给传播信息的媒介以一定的报酬。"

市场营销专家菲利普·科特勒在《市场营销管理》一书中指出："广告是公司用来直接向目标买主和公众传递有说服力的信息的四种主要工具之一。广告是由明确的主办人通过各种付费媒体所进行的各种非人员的或单方面的沟通形式。"

美国广告主协会给广告下的定义："广告是付费的大众传播，其最终目的是传递信息，改变人们对广告商品的态度，诱发行动，而使广告主得到利益。"

格林沃尔德在《现代经济词典》一书中认为："广告是为了达到增加销售额这一最终目的而向私人消费者、厂商或政府提供有关特定产品、劳务或机会等消费的一种方法。它传播关于商品和劳务的消息，向人们说明它们是些什么东西、有何用途、在何处购买以及价格多少等细节。"

三、广告的基本内涵及其构成要素

（一）基本内涵

广告有广义和狭义的区别。广义广告包括非经济广告和经济广告。非经济广告指不以营利为目的、以达到某种宣传目的的广告。狭义广告仅指经济广告，又称商业广告，是以营利为目的的广告。

概括地说，广告是广告主在付酬的基础上，有计划地通过大众媒体以艺术表现形式传达商品、劳务和理念的信息，以达到促销目的的企业的整体营销与传播活动。这两种广告定义主要包括了以下几方面的内涵：

第一，广告是要付酬的。广告主通过广告经营单位发布广告，要付出一定的费用，这是广告必备的条件。公益宣传，看上去、听上去像广告，但它们不是广告，因为它们是无偿的宣传活动。广告付费是因为广告活动是为广告主服务的，广告主是广告活动的主要受益者。广告活动的整个过程，包括策划、制作、媒体传播、效果调查等每一个环节，都需要付费，广告主付费标志着广告主对广告信息的传播具有了控制权。广告主有权决定广告传播的内容，表现方式，信息发布的时间和空间等，同时也标志广告主对广告负有法律和道德的责任。广告公司要对广告主负责，要满足广告主的要求，广告活动要征得广告主的认同，并接受广告主监督。

第二，广告的目的是促进销售，是企业整体营销的一部分。广告的目的是销售产品。"了解需求，满足需求"是市场营销的核心内容，广告的目的就是围绕营销主题，经过精心设计，再通过一系列的传播活动，不断刺激消费者，利用广告营造一种氛围，改变消费者的态度，增强消费者的信任，提高企业和产品的知名度，促使消费者喜欢该商品，由于喜欢而购买商品，实现商品的转移——由生产者手中转移到消费者手中，从而达到企业营销的目的。

第三，广告是经由大众媒介实现与受众的沟通，并传达商品信息的传播活动。广告传播是非人际传播，要借助大众媒介传达给广大受众。广告信息在传播过程中，必须遵从信息传播的原则，即"信源——编码——讯息渠道——解码——接收"。广告在传播过程中，围绕促销的目的，通过媒体实现信息的互动。首先，其是提供信息源、广告代理将广告主的信息制作成符合消费者需求的艺术表现形式，以"信源——编码——讯息——渠道——解码——接收"的符号详解模式传达给广大消费者。其次，广大消费者对信息的认知也是通过各种广告符号的组合、转换、再生，对广告信息素材进行加工后接收。这种借助媒体渠道将信息转化为传播符号、为受众接收的交流过程构成了广告传播活动的基本方式。

第四，广告信息是以受众喜闻乐见的艺术形式表现出来的。有效的广告必须以事实为根据，要实事求是地宣传产品。但为了更好地吸引受众的注意，具有说服力、为广大消费者所接受的广告信息必须经过艺术加工，借助美妙精湛的画面和人们喜闻乐见的娱乐形式表现出来，这样才能充分发挥告知、劝说、提醒的作用，使企业产品销售额上升，市场占有率提高，企业的知名度和美誉度提升，从而实现企业对社会的价值。

第五，自媒体环境下广告内涵的变迁。随着微信、微博、品牌社区等媒体的兴起，这些自媒体成为重要的广告媒介。较有代表性的有2014年10月至2015年6月美国昆士兰科技大学商学院和密歇根州立大学两位教授开展的一项广告再定义的研究，邀请了全球范围内的9位业界专家和9位学者，提出了一个新的"广告"定义：广告是由一个可确定的品牌，利用付费媒体、自有媒体或者可拥有的媒体，意图劝服消费者在现在或者将来形成认知、情感或者行为上的改变传播。

（二）构成要素

1. 广告主

广告必须有明确的广告主。广告主是指付费购买媒体的版面或时间，以促进产品销售、树立企业形象或传达消费观念的组织或个人。广告主可以是个人、企业、团体。广告公司一般把广告主称为"广告客户"，所以，公司中专门负责同广告主沟通的角色叫作"客户主管"，或称AE（Account Executive）。广告主是广告活动的行为主体，是广告活动的发起者、广告信息的提供者，也是广告费用的承担者。

在市场经济中，作为一个确定的广告主，不仅能够支付一定的广告费用，同时还必须具备以下条件：

一是拥有一定数量和质量的产品（品牌）。这是确定广告主体的重要标志。如果广告主不能保证向目标市场提供一定质量和数量的产品（品牌），广告主就失去了信誉。

二是有明确的广告目的。这是衡量广告主真实动机的标准。广告的主要目的是促销、提高企业美誉度，树立企业形象。有了明确的目的，广告的效用才能充分发挥出来。

三是明确广告活动是一种投资活动。广告同其他投资行为一样，不仅有效益，也有风险和损失。对此，广告主应有正确的认识，不能有任何不切合实际的偏执。

四是对广告效果的客观预期。广告效果只有通过间接的方法才能衡量出来。

既然广告主付出费用，就希望有收益，他对广告活动有委托权或主动权，并负一定的法律责任。当广告效果较差时，广告主有权撤销广告。

2. 广告受众

广告受众是一群接受并理解广告主通过大众媒介传递讯息的个体。在广告活动中，受众是广告主的目标，是广告活动的起点，也是广告活动的终点。从社会再生产过程来看，有消费才能有自觉的生产，有生产才能有广告主，有广告主才能有广告的一系列活动。所以，消费者是广告活动的起点。而广告活动的最终目的是促使产品价值得以实现，满足消费者需求，广告效果的好坏也要由消费者最终评判，因此，消费者又是广告行为的终点。目标受众是指广告主的某一条广告或某一次广告活动针对挑选出来的一群特定消费者。目标受众是在市场细分的基础上形成的，是对消费者的生活形态、生活观、价值取向、消费方式、消费习惯等进行深入研究和调查后确定的，这是广告主和广告人的必然课题。

3. 广告媒介

广告媒介是指传递广告信息的载体。人们获取商业信息的方式有以下两种：一种是人际传播，即个人与个人之间的信息交流，如销售人员的上门推销、朋友之间的消息转告等；另一种是非人际传播，即通过一定的媒介来获取关于产品的信息。非人际传播是广告的本质特征，其成本较低，效益较好。广告要实现非人际传播，必须借助一定的广告媒介，后者是广告活动中不可或缺的要素。广告媒介有很多种，广告主觉得有促销价值的任何物质都可以用来作为广告媒体。广告媒介一般以报纸、杂志、广播和电视等大众媒介为主，其他还有户外媒体、网络媒体等。有效利用广告媒介不仅包括熟悉并掌握各个媒介的特性和优缺点，有针对性地选择最有利的媒介进行广告发布，还包括在分析各个媒介特性的基础上，进行创造性的媒介组合，以多种媒介实施广告策略，最大限度地发挥媒介的作用，提高广告传播的效率。

4. 广告信息

信息是广告的具体内容，包括产品（品牌）信息、服务信息、观念信息等。广告的创意、设计、制作与发布都必须有一定的内容。广告信息关系到广告的创意策略，只有正确理解和运用广告相关信息，才能设计制作出吸引消费者的广告。

广告信息比较宽泛，它可以是跟广告主相关的各个方面：可以宣传特定产品和服务，如商品信息包括产品的性能、质量、价格、购买时间、购买地点等；可以塑造自身的良好形象，如服务信息，包括各种非商品实体买卖或服务性活动的有关情况，如交通、保险、旅游、疗养等行业的经营服务项目；倡导对自己有利的某种理念，如观念信息主要是通过广告倡导某种意识，使消费者树立一种有利于推销产品（品牌）的消费观念，如旅游业侧重宣传景点的旖旎风光，诱发人们的旅游欲望等。

广告信息是广告要素的主体。广告能否达到说服受众的目的，关键在于广告信息。对于受众来说，他们直接接触到的广告内容就是广告信息。有效信息的根本，在于广告策划者制定正确的广告策略，通过对市场的分析，进而确定广告目标，制定创意策略、媒体策略和促销策略，再通过合适的媒体发布，影响消费者的行动。

5. *广告公司*

广告公司是专门从事广告代理与广告经营的商业性服务组织机构，是站在广告主的立场上制定广告方案，并根据这个方案购买媒介、实施广告活动。根据广告公司的服务功能和经营范围，可以将广告公司分为全面业务服务型公司和部分业务服务型公司。全面业务服务是指为广告主提供关于广告活动全过程、全方位的服务，包括产品分析、市场调查、销售方式分析、媒介调查、制订和实施广告规划等；部分业务服务是指为广告主提供广告活动中的某一项或几项服务，如单一的设计、制作、购买媒介等。

广告公司要同广告主联系，理解广告主的意图，按广告主的要求制作和发布广告。广告公司还要同广告媒介联系，有的广告公司拥有一部分媒介，即媒介广告公司，有的广告公司没有自己的媒介，则必须出资租用。广告公司还要同市场联系。广告在开始策划制作之前，广告公司会进行大量的市场调研，了解详细的销售状况和存在的问题，以确定合适的广告目标和有效的解决方案。广告作品通过媒介发布之后，广告公司还必须深入市场，指导销售部门利用广告进行促销和品牌建设活动，同时还要从相关机构收集消费者对于广告本身和销售产品的意见反馈，以了解广告效果，并对以后的广告运作和品牌建设提出意见等。

6. 广告费用

广告费用即从事广告活动所支付的费用。广告活动的整个过程，包括策划、制作广告作品，通过媒体发布信息，以及进行广告调查等都需要支付一定的费用。具体来说，广告费用包括市场调研费、广告设计费、广告制作费、广告媒介租金、广告机构的办公费用、人员的工资、促销与公关活动费用、其他广告活动过程中的杂费等。例如，购买报纸、杂志版面需要支付相应的费用，购买电台、电视台的播出时间需要支付相应的费用，自己制作广告也需要一定的制作成本。

在广告活动中，广告主是广告费用的支付主体，很多广告主都把广告看作是完全的支出项目。其实不然，广告是具有投入产出特点的信息传播活动。广告主支付费用进行广告宣传，目的在于扩大产品销售、开拓市场、增加利润。费用的多少由媒体的性质和效果决定，并摊入产品成本中。

广告代理商奥格威曾说过，每一次广告都是对品牌的长期投资。广告所付出的费用可以转化为无形的品牌资产，凝聚在企业的整体营销活动之中，从而间接促进销售。成功的广告能促进商品的销量上升，所投入的广告费用也不会加大企业的商品成本，因为广告活动具有一定的时间段，广告费用一次投入后，在一定时期内是不变的。商品的销量因为成功的广告而增加，单位商品的成本相应就会下降。

四、各种类型广告的基本概念

（一）行为目的类广告

1. 商业广告

商业广告即经济广告，它是以宣传推销商品或劳务为主要内容，以营利为目的开展的广告活动。商业广告在我们日常生活中随处可见，它是广告的主要种类，能显示广告的本质特征，因而也是广告学主要的研究对象。

2. 非商业广告

非商业广告不以经济利益为直接目的，而是为了表达某种观念、意愿或主张，实现某种宣传目标，从而通过媒体所发布的广告，也称为非经济广告。非商业广告目前在社会中有着越来越重要的作用和地位，其中还可将其细分为公益广告以及个人广告两种类别。

（1）公益广告

公益，即公众利益。公益广告是指通过倡导有关公众利益的环境、道德、教育、健康、公共服务等方面的观念或主张，引起公众对某一社会性问题的关注，呼吁、倡导公众去执行或支持有益的社会事业，以维护社会公德，帮助改善社会公共问题的广告活动。一般来说，公益广告具有非营利性、观念性、受众广泛性、利他主义的自觉性等特征。

第二次世界大战后，美国广告理事会正式成立，并把注意力转向社会问题，成为承担公益广告活动的主要机构，具有现代意义的公益广告也由此开始。

目前，日本公共广告机构（Japan Advance Council，AC）是日本最大的、不以营利为目的社会义务服务广告团体，其前身是成立于1971年的"关西公共广告机构"。该机构由以下三个部分组成：一是作为广告主的厂商、流通、服务等企业，二是各种报纸、杂志、广播、电视等媒介公司，三是从事广告创作的专业广告公司。这三个领域的公司会员密切联系、各司其职、相互合作。在AC的操作模式中，活动的经费全部来自其会员所缴纳的会费和赞助费，广告创意和制作费用由会员广告公司和制作公司承担，广告作品则由会员媒体免费提供版面和时段刊发。

（2）个人广告

个人广告是指为了满足个体单元的各种利益和目的，运用各种媒介以启事形式发布的广告，包括寻人、招聘、征婚、挂失、招租等方面的内容。例如，我们平时在街边经常看到寻人广告和招租广告。它们的内容及形式简单明了，表达非常直接。

（二）传播对象类广告

1. 消费者广告

消费者广告（consumer advertising）主要针对那些购买并最终消费产品的受众，他们不会将产品专利转卖或用于生产过程。

消费者广告包括如下三种：

（1）报道式广告

报道式广告多出现在产品导入期，那时产品刚刚上市，消费者对该产品缺乏认识。广告向消费者介绍商品的性质、用途、价格等，可以促使消费者对商品产生初步需求，以拓展市场。

（2）劝导式广告

产品进入增长期、销路打开、销售将出现快速增长的趋势时，为加深消费者对产品的印象、实现认牌购买、刺激选择性需求，就出现了该种以说服目标消费者为目的的广告，即劝导式广告。

（3）提醒式广告

当产品进入成熟期，或接近衰退期，消费者对某种商品已有使用习惯和购买习惯，但产品销量增长势头不明显，甚至有下降的趋势。此时所发布的广告，目的在于提醒消费者不要忘记这个产品和品牌，刺激重复购买，这就属于提醒式广告，即备忘性广告。

2. 行业广告

行业广告（business advertising）主要针对生产厂家、中间商或专业人员，针对生产厂家时称为产业广告（business to business advertising，也有人译为"企业对企业广告"或"生产资料广告"），针对农村及相关行业时称为农业广告（agriculture advertising），针对中间商（批发商或零售商）时称为贸易广告（trade advertising，也有人译为"同业广告"）。有些企业只针对消费者发布广告，而有些企业则可能同时向中间商或机构购买者发布广告。

除上述行业广告外，还有一类比较特殊的行业广告，即针对教师、律师、会计师、工程师、建筑师等专业人士的广告，这就是专业广告（professional advertising）。这类广告一般发布在专业协会的正式出版物上，如《建筑工程》。

（三）传播范围类广告

1. 全球性广告

全球性广告是指利用具有国际跨国传播或国外目标市场的传播媒介实施的广告活动，目的是推销面向世界的出口商品、观念和服务。由于世界各国受众的文化背景、生活习惯等不同，因此这种类型的广告在媒介选择和制作技巧上需要特别注意国外受众的特点和需求。而随着全球贸易的加速发展以及全球经济的一体化，全球性广告对于跨国企业以及一些国际名牌和各种奢侈品来说，已经成为广告中必不可少的一部分。

2. 全国性广告

全国性广告针对的是全国范围内的受众。简单地说，就是指通过全国性的大众传播媒介，如我国国内影响力最大、最广的中央广播电视总台，在全国范围内实施，为了向国内的受众传递广告信息，从而引起国内受众的普遍反响所进行的广告活动。这种广告覆盖区域大，受众人数多，影响范围广。但正因为受众区域跨度大，所以要注意不同地区受众的接受特点。

中央广播电视总台是目前国内最重要、最有影响力的国家级媒体。央视广告的招标向培育中国品牌、促进经济发展、推动公益进步的方向发展。

3. 区域性广告

区域性广告是以特定地区为目的的广告，其传播范围是一省或几省，这一区域在地理环境、经济水平、社会文化等方面都具有相同或相似的特征，因而连成一体。一般为特定地区需要的产品，销量有限，选择性较强。这种广告是配合差异性市场营销策略而进行的广告传播活动。

4. 地方性广告

地方性广告即覆盖一市一县的媒体发布的广告，如地方报纸、地方电台、地方电视台所发布的广告。此类广告多数是为了配合密集型市场营销策略的实施。广告的目的是促使人们使用地方性产品或认店购买。广告主多为地方企业或者零售商。

（四）动机诉求类广告

1. 感性广告

感性广告又称感性诉求广告，是指在广告中融入亲情、爱情、友情等情感，通过赋予商品生命力和人性化的特点，激起消费者怀旧或向往的情感共鸣，从而诱发消费者对商品的购买动机的广告。

感性广告并不完全从商品本身固有的特点出发，而是更多地研究消费者的心理需求，运用合理的艺术表现手法进行广告创作，以寻求能够引发消费者情感共鸣为出发点，从而促使消费者在动情之中接受广告，激发购买欲望。

2. 理性广告

理性广告是指广告诉求定位于受众的理智动机，通过真实、准确、公正地传达企业、产品、服务的客观情况，使受众经过概念、判断、推理等思维过程，理智地作出决定，诱发消费者购买动机的广告。这种广告策略可以作正面表现，即在广告中告诉受众如果购买某种产品或接受某种服务会获得什么样的利益，也可以作反面表现，即在广告中告诉消费者不购买产品或不接受服务会对自身产生什么样的影响。

理性广告说理性强，有材料、有理论，虚实结合，有深度，能够全面论证企业的优势或产品的特点。理性广告是展现现代化社会的重要标志，既能给顾客传授一定的商品知识，提高其判断商品的能力，促进购买，又会激起顾客对广告的兴趣，从而提高广告活动的经济效益。

（五）企业形象类广告

1. 品牌广告

品牌广告是以树立品牌为目的的广告。树立品牌的广告不是介绍单一商品，而是说明品牌的系列商品，利用消费者对品牌系列中某种商品的信任度，扩大到对整个品牌系列商品的信任，从而进一步提升品牌的知名度和美誉度，扩大品牌在消费者中的影响力。

2. 公关广告

公关广告是以树立企业形象为目的的广告。此类广告叫公关广告，它不直接介绍商品或品牌，着重树立企业形象或品牌形象，宣传企业对社会的贡献，促使消费者或其他业务合作者对该企业、该品牌形成长期的信赖感。

3. 观念广告

观念广告是品牌广告中的一种特殊形式。一种方式是企业通过媒体表达对社会问题的看法，由此表达企业的社会理念，从广阔的社会角度树立企业形象；另一种方式是企业通过广告媒体向消费者传达某种消费观念，这种观念刚好与企业的商业目的很好地融合。

（六）媒介载体类广告

按照广告所利用的媒介载体的性质划分，广告可分为传统媒体广告和新媒体广告。

1. 传统媒体广告

传统媒体广告是指通过传统媒体所发布的广告。传统媒体主要包括报纸、杂志、广播、电视等大众传播媒体，在这些媒体上发布的广告被称为大众传播媒体广告。此外，传统媒体广告还包括户外广告、促销广告、销售现场广告等小众传播媒体广告。

2. 新媒体广告

新媒体广告是相对于传统媒体广告而言的，是一个不断变化的概念。在日新月异的高科技支撑下，新的媒体形态不断涌现，主要有互联网、卫星电视、卫星广播、有线电视，以及各种数字媒体、移动媒体等。通过这些新媒体进行的广告活动则被统称为新媒体广告。

五、广告功能的具体含义

（一）广告的信息功能

广告传递的信息主要是商品信息，广告是沟通企业、经营者和消费者的桥梁。

传递信息是广告的目的，广告的设计是建立在信息调查与信息反馈之上的。企业和经营者以信息的收集和传递作为其生存发展的保证。消费者依靠商品信息的传递满足自身的物质与精神需要。

企业或经营者运用广告手段向市场、消费者提供商品和服务信息，力求使消费者接受商品，促成购买行为。经济高速发展，人们物质与精神需要不断提高，同类产品竞争日趋激烈，使广告成为商品促销、市场开拓必不可少的手段。

（二）广告的经济功能

广告的信息流动时刻与经济活动联系在一起，促进产品销售和经济发展，有助于社会生产与商品流通的良性循环，加速商品流通和资金流动，提高社会生产活动的效率，为社会创造更多的财富。广告能有效地促进产品销售，在指导消费的同时又能指导生产，对企业发展有着不可估量的作用。

（三）广告的社会功能

广告具有一定的社会功能，它向社会大众传播科技领域的新知识、新发明和新创造，有利于开拓社会大众的视野，活跃人们的思想，丰富人们的物质和文化生活。

广告通过传播新的生活观念，提倡新的生活方式和消费方式，形成一种适合国情、与生活水准相协调的社会消费结构，推动着社会经济的发展，有助于社会公益事业的发展和公共事业的发展。

（四）广告的宣传功能

广告既是传播经济信息的工具，又是社会宣传的一种形式，涉及思想、意识、信念、道德等内容，在精神文明建设中有不可估量的作用。

广告在传播经济信息的同时，给社会带来大量的科学、文化、教育、艺术等方面的新知识、新技术及健康科学的生活方式，使人们得到德、智、体、美四个方面的教育，从而陶冶情操，提高思想修养，树立积极向上的观念，促进社会大众精神境界的提高，有利于社会精神文明的建设。

第二节　现代广告的理念

现代广告作为企业营销的工具，是一种商业和社会活动。它随着社会经济文化和科技的发展而不断地变化与进步。

一、社会责任是基本要求

广告是观念销售的艺术。销售新的观念要改变旧的观念。广告之所以着力改变人们的生活观念，是因为只有将与特定生活方式相联系的产品观念销售出去，广告主的产品才会真正销售出去。

广告是需求的放大器。不断扩展的欲望，使得商家不断制造出新的产品，从而拉动社会经济的发展，这就是广告对于商品的作用。

（一）对广告法则的信守

《中华人民共和国广告法》《中华人民共和国消费者权益保护法》《中华人民共和国反不正当竞争法》明确了广告活动的主体，包括广告经营者所必须遵循的基本原则：保护消费者的正当权益、维护社会主义市场经济秩序、促进社会经济的有序发展。这些法规同时也具体规定了广告设计者应该遵循的设计规范，包括禁用规范与必用规范。这是任何商业广告作品都必须通过的"门槛"。

（二）对传统社会价值的高度尊重

中华民族有着悠久的文化传统。随着综合国力的提升，我国的传统文化与价值观念对世界产生影响。对民族文化传统与价值观念的保护是我国和平崛起的重要条件；东方文明与西方文明，在21世纪共同和谐地推动世界的进步。因此，广告设计专业的学生，必须有民族复兴的使命感，在广告作品中，要大力宣扬中华优秀传统文化。

我们必须大胆地引入市场策略、广告表现技术、媒体运作及广告公司管理机制等方面的积极成果，使我国广告实现跨越式的发展。

但在这个过程中，我们必须信守广告所包含的文化理念与审美趣味。中国式的广告作品要扩大对世界的影响，就必须形成我们的核心竞争力。

（三）对世界的美好想象

所有的广告在本质上都是向人们出售希望与欢笑。好的广告作品会带给人们对世界的美好想象。

内容决定形式，没有大胆地去构思人类美好未来及实现梦想的途径，就很难有好的广告作品。广告设计师如果没有合理地规划好设计目标，就很难进入真正意义上的设计。

二、人文思考是核心要义

人本广告理念是指以消费者为主导，以消费者为出发点和落脚点，以人的全面发展为终极目标的广告理念。它强调在尊重广告"市场利销性"的基础上，通过和谐的、具有人文精神的广告沟通方式，寻求广告商业行为和人文精神的交融，实现商业利益与人文精神的完美结合。

广告已不再是传统意义上整合营销的一个手段，也不再是一个只为广告雇主利用和服务的工具。广告最终是人类的创造物。广告的角色，归根结底是人们赋予的，是广告主、广告人、媒介商等共谋的结果。

广告是一种权力，是广告主、广告人与媒介商所共同拥有的一种支配广告生产、制造与传播的权力。人类创造什么样的广告文化，就有什么样的自我意识和文化价值取向。反之，人类有什么样的自我意识和文化价值取向，就会创造出什么样的广告文化。实现广告创作机械化与人性化的完美结合，一直是广告人、媒体以及大众所追求的。将来广告创作的趋势将会向人性化不断靠拢，具体总结会有以下几点：

（一）人文精神与科学精神相结合

人文精神与科学精神像鸟的两翼、车之两轮，共同推动着社会向前发展。人文精神表现为对人的关怀，以追求真善美等崇高的价值理想为核心，以人的自由和全面发展为终极目标；科学精神的精髓与核心则是客观、求实、理性。这两种精神各具特点，相互独立，但在本质上高度和谐统一，两者在追求真理，要求客观、公正、诚实、美好等基本精神上是一致的，根本目标都是社会文明的进步和人自身的完善。商业广告活动作为人类的文化现象，必然受到人文精神和科学精神的指导和约束，在强调商业广告要有人文精神时，也不能忽视科学精神。

（二）以商业价值与社会价值的统一为目标

如果对商业广告的价值进行界定，我们会发现，一直以来，广告的终极目标就是劝服消费者产生购买行动。

商业广告追求商业目的本是无可厚非的，当广告采用文化手段作为促进销售的载体，广告本身的意义也就从商业利益中游离出来，上升为不仅仅是销售那样简单的事。广告的目的虽然是销售，但商业价值不是唯一的追求。广告在社会上传播，以生存于社会上的人为目标。目标顾客不仅直接接受广告的商品宣传，而且从广告信息中提取能够用于自己生活的理念和思想。只有实现广告与人和社会发展的互动，才能最终沉淀广告的生命力，才能进一步纯化广告的发展方向。

广告人文关怀的建构目的就在于超越商业广告现有的价值需求。它并不否定广告的市场工具性，努力在文化利益和商业利益之间寻求最佳支撑点，使创作者能以贴近人性、合乎人性，求真、向善、趋美的价值追求为内在尺度创作广告，使企业通过商品、品牌、广告为人服务的同时促进人与社会的和谐发展，使文化"无厚"入商业"有间"，实现广告的社会意义和商业利益的对峙转化。

将广告赋予文化的内涵是商业广告走向人文关怀的必由之路。广告公司在进行人性化广告创作时，也将广告进行文化赋值。一则成功的广告是商业宣传和社会文明的完美结合。

三、广告定位是前提依据

在广告运作过程中，广告设计在广告策略的指导下，是完成商业信息概念到广告作品飞跃的重要环节。在广告活动中，一方面，广告设计需要体现企业营销和广告策划的整体要求，与品牌和产品的定位保持一致，另一方面，广告设计还要考虑目标消费者的兴趣和需要，保证信息传达的形式符合他们的心理偏好。

（一）适应广告策略中对于具体媒体的要求

在具体的广告运作中，媒体策略的制定是以企业营销目标和产品定位为依据的。因此，当同一广告设计作品被投放在不同的媒体上时，具体的表现形式就必须根据媒体的特征来改变。只有根据媒体特征来改变广告设计的视点和语汇，广告的整体性才能得到加强。如果单纯为了寻求广告设计而在不同媒体上达到视觉效果的一体化，那么在不同媒体上广告的效果就会产生较大的差异。反之，如果能够在把握广告设计中的基本元素的前提下，依据策略要求大胆地改变在不同媒体上的视觉形式，广告的传播效果肯定会超过一味地强调不同媒体视觉效果一体化的做法。例如，当广告设计的基本表现元素确定后，广告需要强调品牌和产品的外形、包装，单一视觉形象的吸引力和冲击力是创意表现的重点。而投放户外广告时更要注意充分利用其所带来的视觉张力和诱惑力。在杂志上进行广告发布，还应该将视觉效果的焦点集中于展示格调或营造一种意境等。

（二）以目标消费者的接受心理为出发点

随着整合营销传播的兴起，以消费者为中心的营销观念正在被越来越多的企业接受。作为企业进行整合营销传播中的品牌信息与目标受众接触的重要形式，现代广告设计要求设计师以目标消费者的接受心理为出发点，在确定广告创意和表现手法之前，必须深入研究消费者的心理、爱好、兴趣和习惯等因素，以确保广告作品能够在有效传达广告信息的同时满足目标消费者的心理需要，引发他们的共鸣。

"整合营销传播之父"舒尔茨曾断言："成功的广告要素之一是从消费者的角度开始，而不是从你自己的立足点开始。"事实上，广告设计本质上就是企业努力寻求与消费者协调并获得反馈的一种沟通方式。之所以要包含创意和艺术性的元素，是因为这些元素可能会引起消费者的兴趣，从而使沟通能够更加顺利地进行。因此，在广告设计中，创意和艺术元素的运用必须从消费者的心理出发，否则广告作品将难以向目标消费者有效地传达广告信息，从而导致广告策略不能执行到位。

（三）应与企业信息传播策略相协调

整合营销传播要求企业的一切信息传播行为在宏观上围绕一个中心进行，体现企业及其品牌的独有理念和价值主张。广告设计作为现代广告运作中处于执行层面的一个重要环节，一方面必须保证与策划方案中其他处于执行层面的环节相互配合，实现广告信息在与目标消费者接触时的一致性和关联性，从而让目标消费者对品牌和产品的推广产生印象和信任。例如，广告设计作品必须保证与广告文案、公关宣传、终端布置、促销活动主题等因素的一致性和协调性，使消费者能够很快地将它们联系在一起，从而让广告主的多通道传播得到最终的统一和强化。另一方面，为不同目的而进行的广告设计也需要尽可能跟企业和品牌的整体风格相协调。企业和品牌的信息传播活动包含着众多的公关、广告、事件和活动，这些元素相互渗透、相互影响，并且不同程度地需要广告设计的支持。

尽管不同广告设计的具体目标是不同的，但是就整体而言，作为企业与目标受众进行沟通的一种形式，不同广告设计作品在风格和识别性上的统一和调和，有利于树立企业一贯的、稳定的和可信任的良好形象。

四、视觉文化是遵循导向

广告文化性的构建使广告创意有了灵魂。广告视觉符号的文化性是指广告画面中的视觉符号形式承载和体现的人文关怀、语境、情感意义等所渲染出的一种具有独特个性并与消费者文化和谐的意识形态。

一则优秀的广告创意作品之所以能够引起受众的共鸣，并非仅仅因为"直接呈现给我们的东西"——作品的外在形式因素，还因为它包含着一种灌注于外在形式的内在意蕴，这种内在意蕴依赖于作品形式背后所承载的文化性。

广告传播是以形式为载体的视觉文化及"公共性"构建的过程，在这个过程中，传播主体实现的意象表达以及传播主体和受众实现的共同的视觉意象感知，构成了广告文化性、意象表达、意象感知。

（一）从民族传统文化中构建

在全球化语境下，引领广告潮流的不应只是形式美的因素，更重要的是赋予其更深层次的、更具有意蕴的民族传统文化和民族精神。当代广告创意应该植根于本土文化所表现出的文化内涵与价值形态，从本民族文化和历史传统中吸取养分，才能在广告创作过程中传达民族之魂，体现自身独有的精神内涵，以实现意象感知。

（二）从社会文化生活中构建

社会文化生活以观念形态进行文化创造、文化传播与共享的社会活动，是经济、科技、文明发展的重要体现，贴近生活与"人民群众"休戚相关等是其成为众多艺术创作者寻求灵感和创作元素的根本原因。广告设计作为社会文化生活的一部分更应该从中寻求一种"真、善、美"，从其丰富的土壤中挖掘更生动、更鲜明、更真实、更可感的视觉元素来进行广告创作。只有深入观察生活，了解大众实际的生活状态、心理状态和感受，才能找到更贴近生活和受众心理的艺术形式，这正是广告设计的社会文化品质和艺术魅力所在。

第三节 广告的发展变化

一、广告在历史进程中的演进

（一）原始广告

在原始社会，人们的生产力水平极其低下，经常处在物质资料极为匮乏的状态。原始社会初中期还谈不上有剩余产品，自然也就没有商品交换。人们交流的信息都是与经济和商品没有关系的，自然也就没有经济广告。这个时候，人们之间的信息传播和交流都还只限于一种通常意义上的社会信息，这种社会信息也就是最早的社会广告。

后来，随着生产力的进一步发展，到了原始社会后期，产品逐渐有了剩余，随后出现了商品交换。为了便于不同商品的顺利交换，人们就要展示自己的商品，甚至还要吆喝、叫卖。这样，就产生了经济广告。社会广告的产生早于经济广告。从人类社会产生广告起，广告活动从来就没有停止过。即使是后来的经济广告占据了主导地位，社会广告也一直存在，如各种公告、文书、榜示等。

（二）印刷广告

广告是因人们传播信息的需要而产生的一种行为方式。最早的广告通过手势和语言交流进行，商人、小贩的口头吆喝与哼唱，就是一种广告。文字发明以后，人们开始在各种媒介上制作广告，比如，石壁、墙壁、木柱，也开始使用纸张、布料等人造材料绘制广告。

古罗马帝国，因为商业繁荣，所以城市里到处竖立着招牌广告，杂乱不堪，影响市容。后来政府下令一律拆除，改用墙面做广告。因此，古罗马时期的城市里的墙面布满广告，这可以从庞贝古城遗迹得到验证。在火山灰覆盖下的庞贝城里，考古人员发现了不计其数的广告，其中墙面广告就有1600多处。同时期的腓尼基人生活在地中海东岸，他们擅长经商和航海，为了推销自己的货物，在贸易大道两旁的山岩上，写下或画上宣传自己货物的广告。

我国古代比较流行的广告形式有招幌、悬帜、悬物等。《韩非子》记载："宋人有酤酒者，升概甚平，遇客甚谨，为酒甚美，县（同悬）帜甚高。"而悬物，指的是把相关的商品实物高悬，作为广告招引。据《史记·司马相如列传》记载，"相如置一酒舍沽酒，而令文君当垆"，就是在店门口垒个"当垆"做广告。同理，卖扫帚的就在店门前悬把扫帚，卖药的就悬个葫芦，即为中国古代的实物广告。

15世纪中期，活字印刷术在欧洲普及，人类的信息传播进入了一个新的时代，即大众传媒时代。纸质媒体得到了迅猛发展。这个时期被称作早期印刷广告时期，从时间段来划分，也称作近代广告时期。其成熟的标志是印刷术的发明和报纸广告的出现。

活字印刷术在1045年前后由中国的毕昇发明。这种用陶土制成、可反复使用的活字技术由意大利旅行家马可·波罗辗转传入欧洲，并从14世纪和15世纪开始在欧洲流行。

到了1450年，德国人谷登堡（1400—1468年）采用铅和其他金属的合金铸成了字模，并且可以反复使用，从而使印刷技术更为完善。印刷术于15世纪后半期在欧洲各地广泛流传，极大地促进了西方文化科学技术和广告的发展。

自从金属活字印刷术传入英国后，英国第一位出版商威廉·凯尔斯顿于1473年印出了第一批推销宗教书籍的张贴广告，并张贴于英国教会门口及伦敦街头。此后，印刷广告逐渐在英国和欧洲其他国家发展起来。

1. 报刊广告

金属活字印刷术的发明，并不意味着马上就产生报纸。由于报纸的产生不单单是印刷的问题，还有赖于经济、文化等各领域的综合发展，因此又经过了160多年的孕育，一种具有现代特征的广告媒介——报纸终于问世。

据有关史料记载，报纸广告大约产生于13世纪，其雏形就是欧洲大陆出现的新闻信——一种报道市场行情和商品信息的信，实际上相当于商品广告。只是这种广告不是广告主发出的，而是由远离城市的贵族和富商为了打探城市里的各种消息、商业行情而委派专人写的。直至威尼斯出现手抄报纸，它更接近于报纸广告。

世界报刊史上第一份印刷报纸是1609年德国创刊的《报道与新闻报》。最早刊登报纸广告的是英国。1622年，第一份英文报纸《新闻周刊》于伦敦创刊。3

年后，其刊发了一则图书广告，开创了以报纸为媒介刊登广告的先河。

1666年，《伦敦报》开辟了历史上第一个报纸广告专栏。从此，广告成了报纸不可缺少的重要组成部分和主要经济收入来源。报纸广告的作用越来越被人们所认识，它也日益发展起来。到1837年，英国报纸种类达400余种，全年刊登的广告有8万多条。

18世纪初，美国报纸也得到了发展，世界广告中心逐渐转到美国。1704年4月20日，美国第一份报纸——《波士顿新闻通讯》在波士顿问世，并于创刊号上刊载了发明家富兰克林创作美国第一份报纸的广告。这则广告一问世，便开创了采用艺术手法进行广告创作的先河。

2. 杂志广告

自报纸广告问世后，杂志广告也开始出现。据有关材料介绍，世界上第一本杂志是英国1631年创刊的《绅士杂志》。1741年，美国又有两本杂志——《美国杂志》《大众杂志和历史记事》先后创刊。1830年，海尔夫人创刊的《哥台妇女书》杂志于美国费城发行。此后，各种杂志陆续发行。

第一份中文杂志是1815年8月在马来西亚的马六甲创办的《察世俗每月统计传》，而在中国境内第一份发行的中文杂志则是于1833年在广州创办的《东西洋考每月统计传》，内容有社会新闻、宗教、政治、科学和商业动态等。这些杂志均刊出中文广告。五四运动前后，各种刊物纷纷面世，大多也刊登广告，作为解决经费来源和改善员工生活的措施。

杂志的问世进一步丰富了印刷广告媒介，一度成为仅次于报纸广告的第二大广告媒介。但是，由于此时的报纸和杂志均处于初创时期，发行量还不够大，因此尚未成为普及的大众性媒介，广告的影响面还很有限。

广告，尤其是平面印刷广告，为20世纪的历史留下了丰富的视觉遗产，我们可以从百年来的广告中细腻地体会人类社会发展的足迹。广告逐渐成为现代社会的一种文化生产与传播方式，一种生活与创造的重要手段。广告设计师把鲜活的现实观察、丰富的文化素材融入广告创作中。广告已经不仅仅是一种功能性传播手段，更是当今社会不可缺少的视觉艺术形式。

（三）传媒广告

20世纪20年代，人类发明了广播、电视等电波媒体，并很快利用这些媒体进行广告发布，从此人们开始生活在充满广告资讯的世界里。这一时期，广告行业也经历了专业化、规模化等不同的发展阶段。

早期广告商的主要职能是推销媒体，如报纸上的广告版面。1869年，美国"艾耶父子广告有限公司"在费城成立，这家公司转向为客户提供服务——制订广告策略与计划，撰写广告文案，设计广告版面，跟踪广告效果，涵盖了现代广告公司的基本功能。

随着摄影技术的发明，印刷工艺的改进，套色印刷的出现，电影、广播、电视等现代化广告媒介的出现，以及电子计算机、卫星通信技术设备的发展，新技术在广告业中的大量应用和新的广告形式的不断出现，使广告业进入空前繁荣的阶段。这一时期广告的主要特点包括以下方面：

1.电子传媒广告的诞生和发达兴盛

1895年12月8日，法国路易·卢米埃尔和奥古斯特·卢米埃尔兄弟的电影在巴黎卡普辛路14号大咖啡馆的地下室里举行首次公开放映，获得了成功，轰动了整个巴黎，很快传遍了全世界。电影的问世，不仅出现了一种新兴的大众化艺术，也给广告传播增添了一种现代化的大型媒介。它无疑扩大了广告的传播范围和效果，增强了广告的经济效益。

无线电广播最早诞生于美国。1920年11月2日，KDKA广播电台开始播音，它是美国第一家也是世界公认最早的正式广播电台。1922年8月28日，美国第一家商业广播电台WEAF创立并播出第一条商业广告，这是美国广播史上第一次付费的商业广告行为。1926年，美国建成了世界上最早的广播网。

1936年11月2日，在英国伦敦的亚历山大宫建成了世界上最早的电视台。英国广播公司（BBC）正式播出电视节目，成为世界公认的第一家正式播出节目的电视台。20世纪30年代末，法国、苏联也建立了电视台。美国在1941年7月才开始播映电视广告。

2.广告手段不断创新，广告媒介日趋多样化

进入20世纪以后，随着资本主义经济的发展，市场竞争越来越激烈，人们

愈加深切地感受到了广告所发挥的作用。商品销售带来的巨大经济利益又不断刺激新的广告媒介、广告工艺技术手段的发明创造，从而突破了以往报纸广告一统天下的局面，广告类型呈现出多元化形态。

除报纸、杂志、广播、电视四大广告媒体之外，杂志广告、邮寄广告等其他印刷广告也得到了迅速发展，广告业日益成熟发达。各种各样的博览会也争相步入广告之林，成为颇受重视的广告形式。

户外广告，首先是霓虹灯广告，自1910年于法国问世后，1923年被引进美国，很快成为美国流行的户外广告，并在1932—1934年于芝加哥百年进步博览会上达到高峰。其次是路牌广告大量涌现，并且不断翻新花样。另外，在一些发达的资本主义国家，第二次世界大战后还出现了空中广告。此外，售点广告（POP）、体育广告等也在欧美国家普遍流行，深受欢迎。

随着广告媒介的增加、广告种类的多元化、广告竞争的日益加剧，广告活动越来越重视广告策划、广告创意、广告文案、广告制作技术、广告调查及广告效果测定等，广告水平不断提高，广告艺术日益成熟，广告事业的发展盛况空前。

3. 跨国广告公司巨型广告集团的出现

20世纪80年代，世界经济更加国际化，产生了大批大型跨国广告公司和集团。20世纪80年代中期至20世纪90年代中期，世界广告业的发展呈集中化、集约化趋势，广告公司合并、联合兼并与购买的情况不断出现。

4. 互动参与时代的广告

100多年来，广告业的理念、方法一直发生着变化与更新，变化的动因既来自市场的需求，也来自技术进步、社会文化变迁等方方面面的原因。进入21世纪，人类社会资讯的传播方式发生了巨大的变化。

在互联网条件下，人们可以获得的资讯大大增加。20世纪，大众传媒时代的广告策划、专业眼光，广告业务的经营，广告项目的策划与传播，都需要用创新的思维来发展。

当下的广告行为，正在向综合性的方向发展，特别强调观众的互动和参与环节。这些新兴的广告既存在于互联网，以主页、博客、推特等各种方式推广，也存在于现实生活空间，吸引着每一个路人的视线，并且召唤他们参与。

广告不断糅进新兴的媒介因素，成为一种日益具有创造力的综合化艺术。

二、广告发展环境发生改变

当今世界，移动互联网、大数据、人工智能等技术的发展已经彻底改变了传统信息传播的方式和形式，万物互联下的"一切皆媒体"意味着传播者与受众之间的界限已经消失，传播主体突破了人的限制。这既给广告主带来了巨大挑战，同时也孕育着更多的发展机会。

（一）媒介技术带来的变革

一直以来，信息传播都依赖于特定的媒介进行，而每一次技术的变革都极大地改变了媒介的形态，并进一步扩大信息传播的广度和深度。谷登堡的铅活字印刷机开启了真正意义上的现代信息传播，大大提高了信息传播的效率；无线电技术刷新了信息传播的上限，声像的远距离瞬时传输悄然改变了人们的生活；作为第三次科技革命的主要标志之一，电子计算机的发明和应用，再次对信息传播产生了重大影响；依托计算机技术发展起来的互联网、物联网、云计算、人工智能等技术虽然仍没有跳出第三次科技革命的范畴，但依然再造了信息传播的场景，颠覆了信息传播必须依赖特定媒介的传统，模糊了"媒介"和"非媒介"之间的界限，推动人类社会进入"泛媒化"时代。

总体来讲，当前广告发展所依赖的媒介技术主要包括互联网技术、物联网技术、通信技术、云计算技术以及人工智能技术等。这些技术给广告创意带来了无限的想象空间。下面对这些技术进行简单介绍。

1. 互联网技术

互联网技术可分为狭义互联网技术和广义互联网技术。

狭义互联网技术指一系列终端借助交换机等，通过一组共用的计算机语言协议连成一个巨大的网络，从而实现信息共享。互联网在20世纪90年代后开始向商业领域普及。互联网的重要性不在于技术，而在于把人连接起来，超越了信息传播的时空限制，让身在网络中的人能够随时随地获取想要的信息。麻省理工学院电脑科学实验室高级研究员大卫·克拉克认为，把网络看成电脑之间的连接是不对的，相反，网络把使用电脑的人连接起来了。互联网是一个能够相互交流沟通的平台，改变的是信息传播的方式。

广义互联网技术则是围绕狭义互联网技术的一系列技术集成，包括传感技术、通信技术等。传感技术被广泛应用于新闻及广告创作中的信息收集及整理，相当于人的感觉系统；通信技术则相当于人的神经系统，担负着信息传播的任务。

2. 物联网技术

物联网是互联网的进化，也就是万物相连的互联网。互联网极大地提高了信息交流的效率，但还没有超越"一切信息传播都依赖一定的媒介"的事实；物联网则借助红外感应器、全球定位系统、激光扫描器等技术和设备，对各种物品进行射频识别后，与互联网连接起来进行信息交换，以实现智能化定位、跟踪、监控、管理及服务。也就是说，物联网意味着"万物互联"，只要装上了传感器，一切物品都能与互联网中其他装有传感器的物品交换信息，信息的生产者、传播者、消费者的界限消失了。这就彻底改变了信息传播必须依赖特定媒介的事实，毫无疑问是信息传播史上的革命性变化。

3. 通信技术

如果说传感技术是人的感觉系统，那么通信技术则相当于人的神经系统，其主要任务是传播信息。通信技术越发达，信息传播的速度就越快，单位时间内传播的信息量也越多。2019年，我国进入了5G商用时代。相比于4G通信技术，5G通信技术的信息传播速度更快，理论上可达4G的100倍以上。低时延也是5G通信技术的一大特点，意味着网络对用户请求的响应时间快到让人几乎无法感知。在5G通信技术的加持下，人们可以随时随地利用各种设备接入互联网，获得自己想要的信息，未来的新闻、广告等将真正做到千人千面。

4. 云计算技术

云计算技术是互联网、物联网之后计算机发展史上的又一次技术飞跃，其实质是传统互联网存储技术和信息处理技术的集约化。云计算是分布式计算的一种，指的是通过网络"云"将巨大的数据计算处理程序分解成无数个小程序，然后通过多部服务器组成的系统处理和分析这些小程序，得到结果并返回给用户[①]。

---

① 许子明，田杨锋.云计算的发展历史及其应用[J].信息记录材料，2018（8）：66.

早期的云计算就是简单的分布式计算，因而云计算又被称为网格计算。通过这项技术，人们可以在很短的时间（几秒钟）内完成对大量数据的处理。简单地说，云计算就像一个计算机网络的"智库"，其不但可以代替个人终端处理大量复杂的信息，而且可以在极短的时间内将结果反馈给用户。云计算可以使过去很多需要由终端完成的工作转移出去，由网络服务器群来完成，这样就可以解放更多的终端，为万物联网打下基础。

5. 人工智能技术

人工智能技术属于计算机科学的一个分支，其产生早于互联网和物联网。人工智能技术的目的是通过技术革新使计算机具有人类智能的特征，从而延伸和扩展人的智能。这一领域的研究主要包括机器人智能、语言识别、图像识别、自然语言处理和专家系统等。

由于发展人工智能技术具有广阔的应用前景，因此世界各国对其都十分重视。2012年，德国推出"工业4.0计划"的一个重要抓手就是"智能工厂"；2015年，美国白宫科技政策办公室成立了人工智能分委会；法国也将发展人工智能技术纳入原有创新战略举措中。我国也十分重视发展人工智能技术：2017年，国务院印发了《新一代人工智能发展规划》，制定了"三步走"战略，目标是将中国发展成世界主要人工智能创新中心；2018年1月，中国电子技术标准化研究院发布了《人工智能标准化白皮书》，提出了通用于人工智能领域的参考框架。

当前，一些大公司投入巨资建立人工智能研究院，进行战略转型：Google公司的战略由"Mobile First"转为"AI First"；Facebook、亚马逊、微软都开始在AI方面投入大量的人力和资金；百度喊出"All in AI"的口号；腾讯提出"AI in All"，并建立了自己的AI实验室；阿里巴巴创建"达摩院"，开展与人工智能相关的基础科学和创新性技术研究；滴滴成立了AI Labs，致力于成为全球智能交通前沿科技实验室；小米宣布与微软达成战略合作，主要涉及计算机视觉、语音识别、自然语言处理、文本输入、对话式人工智能、知识库、搜索等领域。与此同时，各种人工智能产品频繁亮相，人工智能技术已经广泛应用于人们的日常生活中。

（二）广告传播的范式革命

从互联网诞生的那一天起，人类的交流和沟通就进入了一个新的时代。从 1G 时代的移动通话，到 2G 时代的短信和彩信，再到 3G 时代的 QQ、微博、微信逐渐代替传统的报纸、广播、电视等，互联网一步一步地将人们带入一个神奇的世界。4G 时代的到来打破了模糊现实世界和虚拟世界的界限，现实世界的一切不断被搬到网络中，信息流向物流延伸，物联网逐步成型。

当前，大数据、人工智能、移动通信等新技术结合各种移动终端，促使一个万物互联的世界逐渐形成，人们的交流方式也产生了根本性变化。现代信息传播正面临着一场范式革命，主要表现在社交方式发生根本变革、传播媒介不断泛化、受众需求成为第一关注点三个方面。

1. 社交方式发生根本变革

1999 年，我国互联网应用开始普及，聊天室、即时通信软件如雨后春笋般涌现出来，拉开了人们利用电子媒体开展社交活动的序幕，陌生人社交逐渐流行，"网友"的在线交流代替了"笔友"的信件沟通。2010 年，网络进一步普及，移动互联网开始逐渐成为主流，大量网民向移动互联网迁移，基于移动需求开发的各类社交软件开始大行其道。

随着技术的不断发展，以 5G 为代表的一系列技术，为人们提供了高度沉浸化、交互场景化、实时性以及非语言传播的新模式。虚拟现实、增强现实等技术能够将真实的细节原封不动地投射到终端中，实现对人的视觉和听觉的全封闭，并带来身临其境的体验感。

在这种情况下，新媒体广告形态将转向以虚拟现实体验交互平台为主要依托的场景式广告形态，某种意义上消除了广告的"广告性"，将广告与场景体验结合起来，加上娱乐化和个性化的"试消费＋消费"模式，将再一次改变广告创意与分发的形态和业态。

2. 传播媒介不断泛化

智媒时代呈现出"万物皆媒、人机合一、自我进化"三大特征。以人为主导的媒介形态开始被打破，各种新技术的交互融合推动着传媒产业的变革，具体表现在：传感器带来的新闻源与新闻反馈机制的再定义，由机器写作带来的写作者与写作模式的再定义，虚拟现实、增强现实等新技术带来的新闻体验再定义，由新闻聚合应用等带来的新闻分发渠道的再定义[①]。

当前，传播媒介泛化已是不可避免的趋势。传播媒介泛化或称泛媒化，本质上就是去媒介化，信息的传播者和受众之间没有了界限，最终达到万物皆媒的状态。在泛媒化时代，人与人、人与物、物与物之间皆可在传感器的协助下实现信息交流。例如，近年来兴起的传感器新闻逐渐成为新闻领域的"新常态"。未来，传感器可能遍布城市的每一个角落，从而形成模拟现实生态的智慧城市。广告业必须调整模式，与泛媒化时代相适应。

3. 受众需求成为第一关注点

物联网时代，信息传播速度的加快、传播资源的无限丰富，都加剧了信息传播领域的竞争，对受众的争夺也更趋激烈。受众的需求已成为信息传播者首先要考虑的因素。除了场景交互传播外，关系传播、情感传播也将成为未来信息传播的新形态，这给广告创意与传播提供了新的方向。

三、广告与其他促销手段的区别

（一）广告与推销

在传播方式上，广告属于非个体传播，推销属于个体传播；在传播过程中，广告不但可以宣传商品，还可以树立形象，而推销仅仅是推销商品。

（二）广告与促销

促销是通过鼓励人们对产品和服务进行尝试或购买所组织的各种短期激励活动。促销活动的种类较多，如送赠品和优惠券、竞赛与抽奖、加量不加价、以旧换新、联合促销等。

从功能来看，广告为消费者提供一种购买的理由，而促销是促进消费的诱因，以额外利益的刺激来促进销售。从持续时间来看，广告的持续时间较长，促销的作用时间较短。从作用的程度来看，广告不仅对促进销售有实际的作用，对品牌

---

① 彭兰. 移动化、智能化技术趋势下新闻生产的再定义 [J]. 新闻记者，2016（1）：26-33.

的建立和维护也有着十分重要的意义，而促销对产品的销售有直接作用，对其他长远的利益作用甚微。

（三）广告与新闻报道

在本质上，广告属于有偿宣传，新闻报道属于无偿宣传；在频率上，广告反复传播，新闻报道是一次性报道；在态度上，广告是自我宣传，新闻报道是客观宣传。

（四）广告与公共关系

1. 目标和原则不同

广告的目标是推销某种产品或服务；公共关系的目标是树立整个组织的良好形象，从而使组织的事业获得成功。广告的重要原则是引人注目，追求的是与众不同的效应；公共关系以公众利益为原则，追求的是真实可信，向公众提供全面的事实真相，而非片面的局部消息。

2. 主体不同

从主体上看，广告范围小，公共关系范围大。广告在绝大多数情况下是为营利性组织服务的；公共关系的主体可以是任何组织，既可以是营利性组织，也可以是非营利性组织。

3. 传播手段和周期不同

广告传播手段少，公共关系传播手段多。广告为了引人注目，可以借助新闻、文学、艺术等形式，采用广播、电视、报纸、杂志、路牌、灯箱等手段进行传播，常有明显的季节性、阶段性、传播周期较短；公共关系可以利用人们传播的一切手段，如人际传播、组织传播、大众传播等，由于公共关系的重点是树立组织形象，因此需要进行长期的努力，其传播周期较长。

四、现代广告的发展趋势

（一）媒体的创新价值显现

随着媒体技术的发展，媒体在形式和数量上不断增加，内容上不断丰富，网络媒体已经不再新鲜。液晶显示屏在城市中十分常见。大众媒体的权威不断受到挑战，消费者的信息来源已经十分广泛，而且不再受制于大众媒体的说教。

在信息爆炸的时代，要让受众主动关注某些特定的信息就必须更多地依靠媒体的创新。与众不同的视觉表现效果和独特的传播形式可以消除受众的规避心理，引发受众的关注。新颖的视觉听觉表现、独具一格的传播形式，都可能让受众产生较大的兴趣。而新兴媒体的发展本身就是一种媒体创新。例如，在网络进入 Web 2.0 时代以来，得益于网络技术的支持，许多消费者成了商品信息的传播主体，而这使得口碑营销、病毒式营销的价值凸显。

（二）服务更加全面

现代广告正朝着为广告主提供完善的信息服务的方向发展。现代广告不仅为企业在市场调查、产品设计、生产和销售以及售后服务等方面提供全面的咨询服务，还帮助企业进行决策分析。这种发展趋势的总体体现就是广告活动整体策划技术的普遍推广。正是由于这种趋势的存在，各种专业的市场调查公司、媒体监播机构获得了良好的发展空间，这些公司采用科学的调查方法为广告活动提供市场调查、效果分析以及媒体研究等全方位的服务，从而为广告活动更加有效的开展提供科学的依据。

（三）进一步影响社会文化

广告已经不仅仅是提高人们物质生活水平的手段，还是提高人们精神文明水平的工具。广告对文化的渗透是非常深刻的，并逐渐为人们所承认。实际上，现代广告已经发展成现代文化整体中的一部分。广告在创造人类共同的文化、促进不同文化的沟通和交流、加强世界各国不同文化的相互理解等方面都发挥了至关重要的作用。

（四）管理更加严格

为有效促进广告业的持续健康发展，各国政府通过立法，或者通过行业协会的自律行为加强了对广告活动的管理。国际商会还通过了《国际商业广告从事准则》。我国于 1995 年通过了《中华人民共和国广告法》，并以此来规范国内市场的广告活动，维护广告活动各参与主体和消费者的合法权益。

第二章 现代广告设计原理

广告设计作为一门实用的综合学科,在广告活动的全过程中扮演着至关重要的角色,它不仅是广告策划的深化,更是视觉表现的重要体现。本章内容为现代广告设计原理,主要围绕现代广告设计的色彩原理、现代广告设计的视觉原理、现代广告设计的形式原理展开论述。

第一节　现代广告设计的色彩原理

设计是一项富有创造性的活动，不仅符合生产加工工艺和产品性能的科学性，同时也体现了人文关怀，以美的规律为指导，塑造产品的创造性。

在造型艺术中，色彩是一项至关重要的手段，是造型艺术的基石。色彩不仅具有造型功能，而且还是人类最直接、最有效的传递信息的工具。作为一种普遍使用的视觉语言，色彩在视觉上传递着文化、种族、特征、情感、意识等多种有形或是无形的信息。因此，色彩对人类来说具有特殊意义。有人说，色彩即生命，这是因为一个缺乏色彩的世界在我们眼中宛如死亡，而色彩则为我们所有人呈现出世界的精神和众多鲜活的灵魂。

色彩是广告设计的要素，对塑造产品及服务、树立品牌形象、激发消费者购买欲望都起着至关重要的作用。

一、色彩形成原理与基本构成

（一）色彩形成原理

色彩的形成和光有着紧密的联系，它是一种大自然的光电现象。我们之所以能看见世间万物的色彩，是因为电磁波中光的缘故。简单而言，光通过物体的反射，以一种色彩的形式被人类感知，所以，没有光就没有色彩。另外，光从空气进入某一种物质的时候，由于其折射程度与前进速度的不同，最终生成的色彩也不相同，这就是三棱镜为什么能将白光转化为七种色彩的原理。

人们感知到色彩是物质对象的色彩，物质是人们获得色彩的媒介。由于物体所呈现出来的颜色是物体吸收了某些光色而反射出来的一部分光色的缘故，所以物质对象因本身的物质性质而呈现出特有的色彩面貌，而且各种物质对象在特定的环境中相互影响，所以人们感知到任何对象的色彩是各种物质媒介作用的结果。

即使是光源，也会因媒介的作用而使光源色发生改变，比如，白炽灯光随着距离的推远，其颜色由黄逐渐向橙、橙红、红色变化，这是大气中尘埃作用的结果。朝霞和晚霞的颜色迥异亦是同理。

任何物体都呈现一定的色彩，并随着光源和周遭环境的变化而变化，也因观察角度和距离的变化而变化。

（二）色彩三要素

色彩三要素，即色相、明度和纯度，这三要素基本决定了色彩性质的变化。色彩的三个要素紧密相连，绝对不能被分割，只有色相而缺乏纯度和明度的色彩是不存在的，仅有纯度却缺乏色相和明度的色彩也是不存在的。所以说，在理解和运用色彩的过程中，必须同时考虑这三者的关系。

1. 色相及其原理

色相是指颜色的基本相貌，是色彩的表象特征，用来区分不同色彩。色彩的最显著特征在于色相，这是由色彩的物理性质决定的。由于光的波长存在差异，因此特定波长的色光会呈现出特定的色彩感受。在三棱镜的折射下，色彩的这种特性会通过一种有序排列的方式得到充分展现，人们能够依据其中的规律性来制定色彩体系。

2. 明度及其原理

明度是指色彩的明暗程度，可以用黑、白、灰的关系来表述。白色的明度最高、黑色的明度最低，当向色彩中注入白色或浅色时，其明度将得到提升，而加入黑色或深色时，则会导致其明度下降。

每一种颜色都会呈现出明暗的变化，如在无色彩中，该色彩的明度越高，其颜色越偏向于白色，相反则呈现为黑色；有色彩则分暖色与冷色两种色系。简单地说，明度就是色彩的亮度，不同的颜色也会有不同的明度。

3. 纯度及其原理

我们会将色彩的纯度称为饱和度，即色彩的纯净度和浓稠度，是衡量色彩鲜艳程度的重要指标。色彩所包含的标准色成分数量，直接取决于其纯度的高低。在广袤的大自然之中，人类视觉能辨认出有色相感的色，都具有一定程度的鲜艳度。然而，不同的光色、空气、距离等因素，都会影响到色彩的纯度。比如，近的物体色彩纯度高，远的物体色彩纯度低，近的树木的叶子色彩是鲜艳的绿，而远的则变成灰绿或蓝灰等。在光色的范畴中，各种单色光的纯度是最高的，而颜料的纯净度则无法达到单色光的水平；在颜色之间过渡时，各种颜色不会使它们产生相互干扰。在颜料的色彩体系中，色相环所呈现的色彩是最为纯净的，而任何一种间色都会对其纯净度造成一定程度的削弱。

（三）色彩视知觉感受

人眼对色彩的感受经由视觉神经传向大脑，从而判别色彩差别，并产生色彩的审美。色彩通过视觉生理作用于心理，产生连锁反应，从而影响人的情感、心情和行为。根据心理学研究结果，发现人类的意识中并不存在一种完全孤立的感觉，每一种感觉都与其他共存的感觉紧密相连。

1. 冷暖感受及其原理

人们对于视觉的感知与视觉经验相关，冷暖感受是日常经验的积累作用于大脑并引发联想而形成的。红色常被当作火焰、旗帜的象征；蓝色常被当作水、冰、永恒或理智的象征。视觉还具有追求色彩互补的视觉生理特性，看多了冷色需要有点儿暖色，看多了暖色又需要有点儿冷色，才能满足人的视觉生理和心理需要，才会产生视觉上的调和美。

色彩冷暖感的认定主要取决于色相，这是因为色彩在视觉上的作用引发了人们对于某些事物的联想。人们对色彩的感知往往受不同程度的影响而产生差异，这就是"色觉"问题。通常情况下，对于色彩的明度和纯度而言，较高的明度会带来冷感，而较低的明度则会带来暖感。因此，人们在选择色彩时，就应考虑到色彩本身的特点，以及人对这种颜色的感受，从而作出最恰当的反应。色彩的冷暖应用，往往是根据产品的特性和使用环境的多样性而产生的。例如，对于那些需要给人以凉爽感受的电冰箱和电风扇，建议使用经过冷却处理的颜色，为了给人带来温暖的感觉，使用暖色调的取暖设备是一种合适的选择。在正常情况下，一般不需要改变颜色。设备在低温或寒冷环境下运行时，建议使用具有温暖色调的选项；对于那些在较热或高温环境中工作的设备而言，建议使用冷色。

2. 前后感受及其原理

面对色彩，视觉还能感知出前进与后退、膨胀与收缩。一般来说，红、橙、黄暖色调的色彩呈前进感，蓝、绿、紫冷色调的色彩呈后退感。前进色看起来比实际面积大，所以又叫膨胀色；后退色看上去比实际面积小，故叫收缩色。基本规律是：暖色、高纯度色、大面积色具有膨胀感和前进感；冷色、低纯度色和暗色一般具有收缩感和后退感。色彩的这些视觉现象,对实际配色有较大影响。

3. 轻重感受及其原理

由于物体表面的色彩差异,其视觉效果会呈现出明显的轻重之分。在日常生活中,空气、棉花、雪花、柳絮等所呈现的色彩,皆以轻盈之姿展现,钢铁、岩石、泥土等物体上的色彩则呈现出较为沉重的感觉。这些都是由于人们对色彩感受能力的差异所造成的。因此,在色彩的选择上,白色、浅蓝、浅黄、淡绿等被视为轻盈的色彩,而白色则是其中最轻的存在,有着较重感觉的色彩则是黑色、棕色、深红等色彩,其中黑色的色彩显得最为沉重。色彩对人的视觉和心理都会产生强烈影响,因而,在设计中必须考虑色彩的轻重感。各色轻重感的排列顺序,如表2-1-1所示。

表2-1-1 色彩轻重感的顺序

红色	黄色	绿色	青色	紫色	白色	黑色
5	2	3	5	3	1	7

(其中1表示最轻,7表示最重)

通常情况下,明度是影响色彩轻重的显著因素。浅色与冷色的明度较高,给人较轻的感觉;明度较低的颜色有深暗色与暖色,给人较重的感觉。除此之外,还需要注意的是,色彩的轻重本身与其纯度也存在一定程度上的联系,其中暖色系的高纯度色彩就是重感色,而冷色系的低纯度色彩就是轻感色。

4. 软硬感受及其原理

明度和纯度是影响色彩软硬感的关键因素,而色相对软硬感的影响可以忽略不计。一般,明度较高的色彩会表现出软感,明度较低的色彩则会表现出硬感;除此之外,高纯度与低纯度的色彩有硬感,中等纯度的色彩有软感。当制定双色配置时,若两种色彩的明度或纯度对比不明显,则会感受到柔软的质感;当两种色彩的明度或纯度对比强烈时,则会呈现出坚硬的质感。

5. 活泼沉静感与原理

色彩情调的活泼、沉静与色相、明度、纯度都有关系,受纯度的影响特别大。色相中,红、橙、黄有活跃兴奋感,绿、紫是中性,蓝色系有沉静感。一般来说,

38

暖色系中越倾向红的色相，兴奋感越强；寒色系中越倾向蓝的色相，沉静感越强。色相的纯度影响也较明显，给人以活泼感的色是暖色系中明亮而又鲜艳的色，富有沉静感的色是冷色系中暗而浑浊的色。配色中，强对比色调有活泼感，弱对比色调有沉静感。

6. 华丽质朴感与原理

色的华丽与质朴的感觉受纯度影响最大，明度其次，色相受到的影响最小。色的纯度与明度越高，越有华丽感，越低，则越显得质朴。色相方面，红、红紫、绿依次有华美感，黄绿、黄、橙、蓝依次有质朴感，其余色相呈中性感。当然这并非绝对，如饱和度高的任意纯色都会有华美感。有彩色系具有华丽感，无彩色系具有质朴感。华丽感还与材料的光泽度有关，纯度高并具有明度差对比的色调具有华丽感，其中以补色相配最强，低纯度或低明度弱对比的色调具有质朴感。

（四）色彩心理效应

在日常生活中，人们常常感受到色彩对自身心理的潜移默化的影响，这种影响并不突兀，而色彩会在不知不觉中影响着人们的情绪和意志。不同色彩的色调对视觉产生刺激和反应程度也有所不同。色彩的影响可以是直接的，也可以是间接的，甚至可能源自人们内心深处的信念和观念所带来的影响。从心理学角度讲，色彩属于一种精神因素。当色彩在人类视觉中引发一系列情感反应时，它所具有的精神价值也随之显现。

1. 色彩的象征及其过程原理

色彩的象征意义源自人类在特定生活经验中所产生的心理效应，它是人类丰富多彩的精神实质的具体物质表达。色彩作为一种符号，它能使人们的行为与思维方式发生变化，从而引起人们心理上的变化。具有象征意义的色彩能够唤起人类内心深处的情感和想象，具备强大的精神能量。

在人类对色彩进行长时间的接触和使用的过程中，结合自身的生活背景与生活经验，常常会在潜意识中将某一色彩与某个特定的事物相互关联，从而形成了许多象征性的对应关系。在这个过程中，人们对色彩的象征性认知并非虚构的抽象概念，也不属于主观臆测的产物，它是通过长期的共同感知而获得的实际存在。在不同的地理和人文环境下，色彩的象征往往与人们的观念和想象紧密相连，呈现出一些共性，代表着某种共同的精神内涵，例如，蓝色象征着科技，绿色象征着生命，红色象征着革命等。

关于色彩的象征，不只是受到人类生理反应的影响，还和地理环境、人文环境等方面有一定程度的联系。并且，值得注意的是，因为地域、文化等方面存在一定的差异，所以相同的色彩在不同的条件下会表现出不同的象征意义。另外，黑色与白色常与死亡、哀悼等内容有较为紧密的联系，白色或黑色营造的肃穆、宁静的气氛，超越了世界上所有语言表达极限。但是，对于生活在西印度群岛的人们来说，会选择以绚烂多彩的颜色来纪念逝去的人，这么做是为了祈愿他们的灵魂能够踏入更加美好的世界当中。

色彩象征的内涵并非绝对的，而是紧密关联着民族、宗教、文化、时代等多种因素，发挥着综合作用。随着时代和环境的演变，同一色彩所象征的具体内涵也在不断变化。下面我们主要探讨人类对红色象征意义的早期认知过程及现代社会中的变化情况。人类最早认识红色可以追溯到火山爆发和森林失火，当时火山喷发所产生的岩浆以及熊熊燃烧的森林严重威胁着人类的生存，因此，人类将红色与恐惧紧密联系在一起，从而使得恐惧成为红色象征的最早内涵。后来由于对自然现象的观察和研究逐渐深入，人们发现了火具有巨大威力，并开始用燃烧来征服自然界。火元素逐渐发展为人们内心深处崇敬和敬畏的对象，因此，红色也被赋予了神圣、威武等崇高的意义。随着人类社会的演进，人们逐渐掌握了运用火焰为社会带来福祉的技能，由此，红色就开始拥有温暖、光明和幸福等美好的寓意。

2. 色彩的联想及其过程原理

对于色彩的联想主要指的是在对人体的多个感官器官进行分析的过程中，对某一特定颜色的知觉引发了人们的感觉经验，从而引发了某种与之相关的情绪或感觉，进而形成了色彩与某一事物建立联系的知觉，这种联想性的知觉是建立在人们不断积累的视觉经验基础上的。

一般而言，色彩所引发的联想可被归为具象联想和抽象联想两大类别。具象联想是一种通过将色彩联想运用于具体事物的联想方式，例如，将黄色与太阳、麦穗等元素联系起来，将绿色与植物等元素联系在一起；通过色彩来联想到某个抽象概念时称之为抽象联想。例如，从黑色中联想到死亡、悲伤等，以及从红色中联想到热情、温暖等，我们就称之为抽象联想。色彩联想是一种有意义的心理活动。色彩的联想并非仅限于某一单色，还可以涉及不同色彩搭配关系的复杂交织，借此还能够充分感受到色彩的冷暖感。

为了实现色彩的心理效应，必须运用一定的联想技巧。联想是人脑对客观事物进行分析、综合、判断和推理时产生的一种心理现象。联想是一种思维活动，基于某些人或某些事物而引起的与其之相关的事物而想到的其他相关的人或事物，以及由某一概念引起的其他相关概念。人们对色彩所产生的联想往往具有特定的内容和形式。视觉作为色彩心理的起点，需要经历一系列错综复杂的反应和变化，包括知觉、情感、记忆、思想和象征等多个方面，而这些变化的实现，在很大程度上依赖色彩的联想。

当人类视觉系统感知某种色彩时，其所感知的只是光线的作用，是一种光学上的色彩表现。然而，该色彩对人类大脑的刺激远不止于此，它还能够唤起人们对该色彩的记忆，将其与过去的视觉经验联系起来，从而引发人们的感觉体验，引发相应的情感和感觉。因此，当我们感知到某个色彩的瞬间，便会激发出一系列情感元素，这些元素大多源自色彩所带来的联想。

但是值得注意的是，色彩的联想因个体差异而存在不同，既有共性也表现出一定的个性。即使是相同的色彩，不同的人对其所感知的情绪内容也是存在差异的。色彩的联想源于人类视觉经验的积累，与所处的文化背景、地域、民族、性别、年龄、生活习惯等有着极为紧密的联系。色彩联想是人类对外部刺激主动、积极的反应，与照相机的被动接受方式完全不同。因此，人们对色彩的感知过程并非仅限于视觉领域，而是涵盖了感知、认知、记忆、想象、判断等感觉领域的反应。

二、现代广告设计色彩应用原理

广告主要由文字、图形、色彩组成。其中，色彩的视觉感染力最强，是广告的第一构成要素，在广告设计中有着不可替代的作用。但是，广告色彩的运用并不是越多效果越好。在广告设计的选色和用色过程中，色彩的应用和搭配是有规律可循的。

（一）现代广告设计的色彩对比

对比是广告中常常用来划分主次的重要手段。画面中任何一种视觉要素都能拿来做对比，其中也包括色彩。色彩的对比产生的反应很大程度上优于其他要素，色彩在广告中能够引起人们的注意。

用色彩对比要素来设计广告，可以增加消费者的依赖度。在对比手法上，艺术手法的对比与实质性的对比是其中的两个主要方面。前一种手法指的是在广告画面中运用一定的艺术技巧，以凸显商品的形象。当然，也可用来表现产品的功能和质量的对比等。后一种方法可用于对比商品使用前后的效果，以及对商品改装前后的效果进行比较。但是并不能够使用该手法用于将本商品与同类商品对比，以达到贬低他人、提升自身的目的。

1. 色相对比

色相对比就是将两个色相存在差异的物体进行对照。色相对比是一种纯粹的对比，指的是不同色彩在色相环上相互交错产生的对比。从色相环的角度来看，它们之间的夹角越大，色彩之间的对比就越强烈。这种手法往往会刻意减少被突出物体在画面中的色块区域，以画面比例和色相上的巨大反差来塑造广告的中心主体。

在广告设计中，设计师在一个色系中找到合适的色相是要仔细斟酌的。甚至在直觉性选择之外不得不借助理性进行分析，才能作出决定。

（1）邻近色对比

邻近色是色相环上相邻的色彩，是距离 60° 左右的对比，如橙色与黄色、橙色与红色、黄色与绿色等。邻近色对比的特点是色相间相差较小，往往只能构成明度和纯度方面的差异，属于同一色相中的对比。邻近色的对比较弱，明度与纯度也比较接近，因此，由邻近色构成的画面色彩柔和、清新、明快、和谐、雅致，在广告设计的色彩运用中，需留意明度、纯度和面积的差异，并根据情况进行调整，以避免产生沉闷的感觉。

（2）同类色对比

同类色对比是指在色相环上距离 15° 以内的对比。同类对比在视觉上色差较小，常被看作是同一色相，因此，它是色相中最弱的对比。同类色对比不同于明度与纯度的色彩对比，在广告设计中，若不注意同类色的明度和纯度变化，即使采用简约、统一、柔和的同类色配色，也难以避免呈现出单调的效果。同类色如果用得过于单一，会使人产生审美疲劳。为了弥补色彩对比不足的缺陷，通常需要采用小面积的对比或鲜艳的色彩作为点缀，以增添色彩的生气。

（3）对比色对比

对比色对比是指在色相环上距离100°以外的对比，是色相中的次强对比，例如，红色和黄绿色、橙色和青紫色、黄色和红紫色。虽然对比色的对比效果强烈而鲜艳，呈现出饱满华丽、欢快活跃等特征，却容易产生不协调、凌乱等感觉。

（4）互补色对比

互补色对比是在色相环中距离180°的色相对比，是色相中最强的对比。互补色对比具有充实、激烈、鲜明的特点，最大限度地体现了色彩的鲜明程度，强烈刺激人的感官，因而最能引起视觉的注意并满足视觉生理的需要。

在广告设计中，最基础的互补色为红配绿、蓝配橙以及紫配黄。互补色本身就具有强烈的对比性，而在广告中，这种色感的差异更是为突出主题发挥了积极的作用。画面中适当地调配补色的比例，可以使整体层次更加丰富。

2. 明度对比

明度对比就是颜色深浅之间的比较。色彩的明度对比是使用两种以上的色彩在明度上的差异而产生的对比，这种对比的存在为二维画面带来了空间感和层次感。画面的明暗色调也会由这种对比决定，而明度的高低则使得画面中的物体在视觉上呈现出"轻重"的差异，同时也为画质的层次感带来了提升。

广告中通过对色彩明度的变化来表现一种层层递进的渐变关系，明暗不一的色彩为观者带来不同程度上的情绪波动。在实际应用中，色彩明度值高的画面往往给人明朗、清楚的视觉感受，而色彩明度值偏低的画面则带给人阴暗、沉重的视觉感受。

在广告设计中，高明度的对比关系可以降低色相的差异，而产生统一的感觉，整体色调明快、柔和。中等明度的对比关系给人以含蓄厚重的感觉。低明度的对比关系色相和纯度差异较弱，容易取得调和的效果。在各种颜色之间的明度对比中，柠檬黄的明度最高，蓝紫色的明度最低，橙色与绿色属中明度，红色与蓝色属中低明度。此外，当任何纯色适量加入黑色或白色时，会产生不同的明度变化。

3. 纯度对比

纯度对比涵盖了各种色相的不同纯度等级之间的对比、纯色与含有黑白灰的色彩对比，以及各种含有黑白灰的色彩之间的对比，而纯度高的色彩则呈现出光彩夺目的效果，纯度低的色彩晦涩黯淡，在广告色彩中运用纯度对比，使鲜艳的元素成为画面的重点，作为局部刻画的灰色调则被恰当地沉淀到背景中。

由于广告不是单纯地以色彩或者某个单一的视觉元素来阐述信息，因此处理画面中各物体的关系显得尤为重要。从色彩的纯度来讲，高纯度的色泽使画面五彩缤纷；相反，画面则会变得暗淡无光。广告中通过调节物体色彩的纯度来协调画面物体间的关系，避免出现过于鲜艳或过于暗淡的色彩。在广告色彩中运用纯度对比，使鲜艳的元素成为画面的重点，作为局部刻画的灰色调则被恰当地沉淀到背景中。

4. 面积对比

构图中，色块大小和数量的对比关系被称为面积对比，这是一种比较关系。由于颜色具有不同程度的明度，所以可以通过对它们之间的比例变化进行比较来分析事物或现象的性质。色彩的明度、色相、纯度的对比与色彩面积的大小息息相关，因为它们共同塑造了色彩的视觉效果。

在广告设计中，如果画面中两块或更多的颜色在面积上保持近似大小，会让人感觉呆板，缺少变化。色彩面积改变以后，就会给人的心理遐想和审美观感带来截然不同的感受。

5. 冷暖对比

色彩的冷暖对比可以被视为一种色性的对比。冷暖对比是存在于色相环上的冷色（如绿色、蓝色和紫色等）与暖色（如红色、橙色和黄色等）形成的对比效应。冷暖对比有冷暖反差之分。冷暖色彩所带来的情感体验各不相同，冷色调所带来的是一种疏离的感觉，而暖色调则能够营造出一种亲密的感觉。

在五彩缤纷的广告画面中，总有一种独特的色调存在，让整个画面呈现出一种纯粹而不失魅力的感觉。通常情况下，那些以冷色调为主的画面会呈现出一种令人望而生畏的气势。当画面中注入一定比例的暖色调时，冷色调所蕴含的锐气将得到削弱，同时画面的色彩氛围也会变得更加和谐融洽。

以暖色为主的广告令观者感到热闹而嘈杂，视觉上的膨胀感容易使人产生视觉疲劳，这时掺入以宁静为特质的冷色，可以有效地平缓这种刺激，甚至淡化观者的疲劳感，并将他们的注意力集中在冷色物体上。

（二）现代广告设计的色彩调和

"调"包含着调整、调理、调配、组合等意思，"和"可作合一、和谐、融洽、有条理等解释。"调和"是形式美的基本规律，指事物和现象各个方面的配合和协调，多样化中特殊的统一。

色彩调和这个概念和一般事物的调和概念一样，包括以下两种基本类型：一种是各种对立因素之间的统一，对比的色彩，相反或者相成；另一种是多种非对立因素互相联系的统一，形成不太显著的变化，也是调和色彩关系。色彩调和应该遵守以下四个方面的基本原则：

1. 视觉生理角度的调和

视觉生理角度的调和可以认为是满足人的视觉平衡需要的调和。例如，人在看某一颜色时，总是欲求与此相对应的补色来取得，互补色配合、对比的色彩配合是符合人的视觉生理角度的调和。

2. 视觉心理角度的调和

视觉心理角度的调和是指能引起观者审美心理共鸣的色彩调和。例如，性别、年龄因素，心理变化（欢乐、喜悦、悲哀）因素，所处的社会条件（如政治、经济、文化、科学、艺术、教育）因素，自然环境因素、风俗习惯因素等。设计配色，必须与人的视觉心理满足基本一致，必须研究和熟悉不同对象的色彩喜好、心理特点来进行色彩设计，做到有的放矢。

3. 色彩与形状的统一调和

色彩与形状的统一调和指尽量满足色彩与形状的联系。在一幅作品里，形状和色彩的功能是同时发生作用的。正如国外学者提出的：正方形同红色相对应，红色的重量感和不透明感同正方形静止、庄重的形状相一致；三角形的本质是三个交接的对角线，它同黄色有某种联系；长方形、不等边四边形、锯齿形以及由它们引申出来的形状，产生的思想象征与蓝色有某种联系。

4.色彩构图的完善与调和

关于色彩构图的完善与调和包括如下法则：

（1）色彩的均衡

色彩的均衡就是各色彩在构图布局时各色块之间关系的视觉平衡，主要是色彩所表现的形象重心、色块的注目性、色彩对比的效果以及几种主要冷暖色相在构图上的平衡性。

在色彩构图时，各种色块的布局应该以画面中心为基准向左右、上下或对角线做力量相当的配置。在形状方面，形象完整、面积较大的色块有重感，人、动物及有运动感的物体量重，反之则轻。在色彩方面，深暗、鲜艳、对比强烈、暖的色块感觉较重，而浅淡模糊、对比弱、有冷感的色块感觉较轻。一般来说，"重量感"大的色块在布局上离重心或中心距离近一些，而"重量感"小的色块在布局上离重心或中心距离远一些，这是色彩均衡的基本原则。

（2）色彩的呼应

色彩的呼应指色块在布局时同其他色块的上下、前后、左右诸方面彼此相互呼应。色彩的呼应有以下两种方式：一是局部呼应，是同类色或对比色以一种形式反复出现，能产生色彩布局的节奏韵律感，如在深色底上的数个浅色点与一个浅色点的呼应；二是全面呼应，是使画页中各种色彩混入同一种色素，使各色产生一种内在的联系，它是构成主色调的重要方法，也是使强对比色彩调和的手法。

（3）色彩的主从

色彩的主从指画面上主色与宾色之间的关系。各色的配置根据构成的主题分出宾主。一般规律是：主色的面积不一定最大，可是它发挥着关键性的作用；主色一般多用在重要的主体部分，以加强对观者的吸引力；主色一般配以对比的鲜艳色。

色彩的宾主是相对而言的，没有宾色就无所谓主色。主色的力量是由宾色烘托产生的，例如，大片深色上的浅色，大片浅色上的深色，大片调和色中的对比色都能成为主色。某一色块主色明确与否与构图的布局有关。一般情况下，接近画面中心位置，色块容易构成主色。宾色的选用和明暗、灰艳的处理都应依主色来调节配置。

（4）色彩与内容的表现统一调和

形式与内容的统一是作品成功的基本条件。色彩象征因素影响人的精神思想与感情，只有色彩与表现的内容和情感统一，才能充分展示色彩的魅力。而与内容、感情相冲突的色彩，只可能是不调和的色彩。

色彩与内容的表现统一调和是要色彩与它们所想表现的内容及抒发的感情统一。例如，食品广告用红黄色表现可以给人温暖、产生食欲的心理联想，旅游业广告用绿色表现容易使人感受到大自然的生命力和诱惑力等。

（三）现代广告设计的色彩配置

1. 均衡性

配色的均衡是指颜色搭配后在视觉上、心理上给人以平衡的安定感。配色的均衡除了明度、纯度、色相这些基本因素之外，还包括色彩的面积对比、位置分布、聚散、冷暖、形态等。这些因素错综复杂地互相作用，会形成变化万千的效果，相当于平面构成中的对比、空间、对称与平衡构成。概括起来，主要有以下几种：

（1）左右（对称）均衡

左右（对称）均衡是指色彩左右放置，在视觉上取得均衡。左右均衡往往表现为庄重、大方和平稳安定的感觉，但在不合适的场合，这种均衡会让人产生呆板、单调的感觉。

（2）前后均衡

前后均衡指服装、雕塑、建筑等立体的物体，从侧面看时，也表现出均衡感。

（3）上下均衡

上下均衡指色彩的上下放置情况，在视觉上取得均衡。上边的颜色轻、下边的颜色重具有安定感；上边的颜色重、下边的颜色轻易产生一种富有朝气的运动感。

（4）不均衡

不均衡指在色彩搭配上没有取得均衡。通常情况下，不均衡会缺乏美感，但由于人们的审美标准是不断变化的，在特定的环境和条件下，这种不均衡被作为一种新的均衡被人们所承认和接受，这种美的形式被称为不均衡的美。

（5）不对称均衡

不对称均衡指综合色彩的轻重、强弱、面积等因素，使之在人们的视觉上表现为相对稳定的状态。

2. 节奏性

画面中的节奏可以归纳为以下三种：

（1）综合节奏

综合节奏是指色彩和形状的重复单位被复杂化组织以后，能够产生极强的韵律感，层次也异常丰富，但是色彩之间仍需一些关联。严格地讲，一种色彩在不同部位的重复出现，才叫色彩的关联，但实际运用中，作为两个关联的色彩在色相、明度、纯度等方面比较近似，就可以获得和谐的效果。这种近似的关联，往往比某个颜色的重复出现更生动，这也是色彩节奏美的重要表现，相当于平面构成中的近似和特异构成。

（2）重复节奏

重复节奏是指以单位的色彩形态，做有规律的循环反复而表现出的秩序美。

（3）层次节奏

层次节奏是指色彩的色相、明度、彩度、大小、形状按一定秩序渐变，所产生的节奏变化。类似于音乐上的由高音到低音或由低音到高音逐渐变化，具有规律性的美。

设计者通过色彩的节奏感来明确广告色彩的指向性，如家居广告要营造温馨的气氛、食品广告要展现美食的甜美等，通过掌握节奏来加强广告的诉求能力，使其主题内容达到最行之有效的宣传效果。色彩节奏同时也指色彩的明度、纯度等要素在画面中呈现有规律的变化。对于节奏的理解可以认为是一个人对色彩的审美习惯，广告的色彩美感具有主观性和可变性，设计者通过对色彩节奏的充分理解，做到与消费者的审美节奏合拍。

3. 层次关系

配色的层次分平面、立体两种。平面层次是指暖色、亮色、纯色等前进色和寒色、暗色、浊色等后退色搭配而产生层次感。立体层次则是指色块在位置上、质地上有差别后，就会产生层次，如衬衣和外衣的颜色差别。

色块之间、图片之间、字与背景字之间，以及色块、图、字之间互相遮盖、叠压给人的感觉当然也就不会相同，前后的层次也就不同，这一点在平面设计中尤为突出。

4. 疏密关系

色彩以点、线、面的形式聚集会产生一种凝聚的力量，分散则会产生一种舒缓、悠闲的感觉，类似于平面构成中的放射、密集、分割等构成。国画中讲究以白当黑，讲究布局，现代色彩搭配布局同样重要。

5. 点缀配色

点缀配色又称"强调配色"，是指用较小的面积、强烈而醒目的色彩，调整画面的单调效果。它是较常见且简便的配色方法。配色时要注意面积的大小，面积过大会影响整体，面积过小起不到点缀的作用。

第二节　现代广告设计的视觉原理

广告设计视觉原理是进行广告设计时要遵循的规律，只有遵循广告设计视觉原理，广告作品才能够产生视觉吸引力和视觉美感，从而说服消费者。广告设计的目标是说服，感化消费者去产生购买行为。所以，广告设计的视觉原理就是广告的视觉说服原理。

一、视知觉作用原理

视知觉是人类认识世界一种重要的感知方式。在所有的感知方式中，视知觉使人类获得了最大的信息量，约占获得信息总量的80%。知觉心理学家鲁道夫·阿恩海姆认为，视知觉就是视觉思维，在视觉艺术中，视觉最大限度地运用了自身的组织构造能力。视觉艺术是以可视的色彩、线条和形体为载体传达审美意象的所有艺术类型、形式或符号。简而言之，它是用一定的物质材料来塑造可视的直观艺术形象的造型艺术。

（一）视觉注意力的选择性原理

注意力是人的知觉和认知的起点，人的视知觉过程不是被动地全部接受外部刺激，而是有选择性地接受外部环境的刺激。就是说，注意力具有选择和过滤信息的机制。视觉活动是一种积极主动接受信息的过程。视觉在周围的空间中移动，一旦有目标出现，就会立刻捕捉它们，眼睛就会对特定的目标物进行扫描，然后将信息传送到大脑。

对于观察者来说，外界环境信息并不都是重要的，且大脑所能存储的信息量远远低于视觉系统提供的信息总量，所以，在分析复杂的景象时，通过运用有选择性的注意机制，人类视觉系统能够依据图像的局部特征，精准地选择景象的特定区域，并通过快速的眼动扫描将其移动到高分辨率的视网膜中央凹区，从而实现对该区域的精细观察和分析。人的注意力会因为对准目标信息而忽略其他信息。

1. 外界环境的干扰性

被动的视觉关注是指外界的某种刺激引起的视觉注意。当人处在相对稳定的视觉环境中，如果突然出现不稳定的刺激因素，就会造成视觉的被动关注，如在色彩单调的环境中忽然出现鲜艳的物体，或在静态环境中忽然出现动态物体等。被动关注是从最基本的视觉元素——物质的颜色、位置、顺序、轮廓等外界信息，产生刺激，传送到大脑，过滤多余信息，构建有序复杂图像、塑造三维结构等，然后大脑确认信息对象，并从"经验"获取更多其他信息来描述并解释对象。视觉信息是一种生物电流脉冲信号，在处于被动关注时，眼球神经被动感知事件后传送到大脑，大脑主动确认事件后回馈，形成一个循环过程。

注意力的高低取决于意识的强弱程度。人的注意力是有限的，当外界信息量超过了大脑的处理能力时，人们就会把注意力集中在与目的相关的信息上，而且人的兴趣爱好都会对主动视觉关注产生影响。视觉感官感知的对象往往是主观愿望（动机）寻找的对象，即视觉感官有动机性。这也意味着在有目的的行动中，视觉感官往往不是被动地反应，而是主动地寻找，寻找与其行动目的有关的环境信息。

2. 以往经验的作用

人类的感知能力既包括先天的感知能力，也涵盖了日常生活中的经验积累。

个人的经验和阅历的差异会对感知产生影响，而专业素养的差异也会对艺术感受产生影响。当人们观察和理解物体的时候，他们并不会对简单地将其"组合"成一种视觉形象而感到满足，更多的是需要进一步将这个直接呈现的形象与另一个形象相互关联。由于视像的结构和样式多种多样，因此在日常生活中会出现一些有趣的现象：专家和外行人所看到的事物各不相同，而不同的专家所看到的也不尽相同。人们在观察事物时，总希望能找到自己感兴趣的内容来认识它。随着时间的推移，一个人对现实的观察会受到先前所见、所闻、所知的影响，因此，随着经验的增加，所感受到的事物也会变得更加丰富多彩。这种潜在的经验会时时刻刻对观察产生影响，无时无刻不在影响着我们的思维和行为。曾经的视觉经验和知识修养对于人们正确地观察周围的事物具有积极作用，但也可能会对正确的观察产生干扰，这主要是由观察者的视觉经验和知识修养的程度和水平，以及他们与观察对象之间的关系决定的。只需在脑海中预先构想出所观察目标的形象，无论其形态如何复杂多变，都能够识别出这些形象，从而使知觉对象从以往的视觉经验中获得补足。

（二）知觉的恒常性原理表现

当感知条件或对象发生变化时，在一定范围内，知觉的映像仍然不会发生改变，也不会受到任何影响。这种知觉的特性被我们称为知觉的恒常性。

1. 大小恒常性

根据视网膜成像原理，当物体与我们的距离不同时，其成像大小也会随之发生变化，距离越远，成像越小，距离越近，成像越大。然而，这一事实与我们知觉的映像存在着明显的差异。实际上，在一定的距离范围内，无论物体距离我们的远近如何，我们所感知到的物体的尺寸始终保持不变。

2. 形状恒常性

在我们基于不同的视角对同一物体进行观察的时候，视网膜上物体的投射形态会不断变化，但我们所感知到的物体形态并未发生显著变化，这就是物体形状的恒常性特征。

3. 颜色恒常性

当物体处于色光照明环境中时，其色彩并不会因为受到色光照明的影响而发生变化。就比如我们使用红光照射白色物体的表面时，我们所观察到的物体表面并非呈现出红色，而是在红光的照射下呈现出洁白的色泽；在不同的光照条件下，室内家具的色彩保持着相对恒定的状态。

4. 明度恒常性

即便在照明条件发生变化的情况下，我们仍然倾向于将物体表面的明度感知为恒定不变。比如，在阳光和月光的映照下，白色的墙壁就只是白色的，在阳光和月光的映照下，煤块总是呈现出一种深沉的墨黑色。物体的明度并非由照明条件所决定，而是由其表面反射系数所决定。

根据研究结果，我们可以发现视觉线索和人类已有的经验在维持知觉的恒常性方面扮演着至关重要的角色。环境中的各种参照物为人们提供的信息，包括物体的距离、方位等，都属于视觉线索。

人类的正常生活和工作离不开知觉的恒常性，这是一个至关重要的因素。知觉的恒定性也就是人们能够长时间地观察到事物所表现出来的一种特性，这种特性不是固定不变的。在不断变化的环境中，它有助于人们保持对事物真实本质的认知，保持对事物的恒定感知，从而更好地适应环境的变化。若人类的感知能力随着客观条件的演变而不断变化，那么想要获得任何确切的感知能力都是一项很难完成的任务。

（三）视知觉原理统一与广告设计

人类的视觉感知具有高度的可塑性，同时也呈现出一定的普遍性。物体的形态感知会随着观察距离、视角、光照等因素的变化而发生变化，同时，在不同的环境背景和照明条件下，物体的颜色感知也会呈现出多样化的特征。

视知觉常性是指即使在距离、光线、视点、环境背景等因素都发生变化的情况下，人们仍能够识别物体的固有形态和色彩等特征，或者说，对于物体的固有形态和色彩等视知觉，人们仍然能够保持一种具有抗干扰能力的稳定性。人类的大脑预测和调整感知外界某些事物的形状和颜色的时候，主要借助了视知觉常性。值得注意的是，视知觉常性的形成过程与人类的视知经验密切相关，同时也与充足的相关信息息息相关。

在具体的观照过程中，可变性和常性同时起作用。两者的关系也是一个变量。

例如，在一个充满红光的屋子里，绿叶看上去也成了红色的。但是倘若那是长在一株植物上的，或者还与花在一起，那么人们仍然会感到那是绿叶，这也是视知觉常性在起作用。所以在室内设计、展示设计、商业设计等过程中，有必要考虑受众视知觉可变性和常性的关系，如通过提供有关的线索，使受众在不同于通常环境、光照的空间条件下，看到的东西不会在视知觉上有显著的变形或变色；或者相反，通过取消这类线索，让物体的视知觉恒常性减弱，使得物体的感知异乎寻常。

每一件事物之间都是紧密相连、协调统一的整体，由其各个组成部分相互交织、相互依存，同时，每个事物的独特特性也相互交织、相互补充。在特定条件下，人们的视知觉能够捕捉到某一事物的独特特性，这些特性与其他感受的特性相互关联，从而实现了对事物的全面认知。例如，雪造成晶莹洁白的色觉，这种色觉也造成寒冷的感觉，有时人们从白雪的图片中可以感到丝丝寒意。人们在生活中见到的不加镀层的铁常常是深灰褐色的，摸上去让人感到坚硬。有时人们可以直接从对铁器的观照中得到这种坚硬感。青色的毛桃是生涩的，鲜红的桃子吃起来给人以甜美的味觉，但人们可以从鲜红的桃子的商业摄影中直接得到这种味觉。设计师出于特殊的需要，可以以青绿色的桃子图像引起受众不快的味觉。

二、视觉图像生成原理

广告设计的视觉功能主要是通过视觉图像发挥效用的，所以，需要对图像的视觉规律做深入的认识。

（一）视觉语言是图像生成的基础

在人类文明之初，视觉是人类认识世界的主要手段。原始的语言尚未充分发育，在认知自我和自然的过程中，视觉符号扮演着至关重要的角色，而以视觉形象为主导的文化现象则成为主导力量。因此，人们对于某一事物、某个特征的感受往往是以另一属性为基础而产生的。舞蹈、绘画和音乐是语言的直接源头，这一点在文化人类学和考古学的众多实例中得到了充分的证明。绘画在原始人的意识中，除存有朴素的审美意识之外，最大的功能在于交际，绘画是一种人与自然、同类及宇宙进行交际的符号。

对于平面设计来说，视觉语言本身不但能够充分体现出思维的形式结果，还能够深究视觉语言的内涵，明晰相关设计所要表现的根本思想，由此就能够有效促进作品与外界观赏者之间的交流，进而有力把握视觉效果。总而言之，不管是结构抑或是功能等方面，视觉语言与言辞性语言本身都有着很大程度上的相同，并且在信息传达方面也有着一定的相似性。

平面设计的研究是建立在视觉语言这一基础上的，这么做的根本目的是充分认识平面设计对于核心内容的表现与顺畅沟通方面的秘诀。视觉之所以重要，是因为视觉具有暂留性、记忆性。视觉交流作为一种高效而又快捷的沟通方式，可以瞬间传递信息与感受，广告视觉效果由挖掘设计师的想象力和运用视觉语言的能力来决定。揭示设计视觉语言的独特性，以确认视觉传达设计与社会、生活方面存在的独特联系，就比如怎样塑造生活方式，以及怎样限制或培养审美趣味等，从而深入设计其"形式意义"生成的"内在机制"，才不至于人为地割裂内容与形式的联系，或者以极为勉强的方式进行夸张的描述。因此，我们能够得出如下结论：视觉语言的研究为平面设计传播效果的评估提供了一种系统性的参考。

在满足大众对视觉需求的过程中，视觉设计起到了重要的作用。视觉设计透视社会发展动机、研究人类审美意趣、聚合先进科技手段，它是文化之桨，将文化之舟从精英的灯塔下指向"形象"的彼岸。视觉设计是一种生产力，自然地参与到社会文化、审美活动中。视觉设计在视觉文化兴盛的社会背景下迅速壮大，形成独特的视觉设计文化及相关的视觉设计产业，视觉设计的研究与开发已成为社会发展的一大课题。

（二）广告视觉图像效果设计原理

广告作为信息传播媒介，在现代社会发展中起着重要作用。图形、文字、色彩的搭配都是一个广告作品中不同的重要组成部分，扮演着各自的角色，完美配合才能在信息传播的过程中不被淘汰，受到大众的喜爱。

在广告中，优秀的字体设计能够让人过目不忘，从字的形态特征与组合编排上进行探求，在传达信息的同时还能达到视觉审美的目的，广告中的图形更是具有视觉说服力的有效传播手段，直接作用于人的视觉神经，清晰地传达产品信息，更为直观地展示产品，颜色是观者识别广告的重要元素，广告色彩对消费者具有引导作用。

1. 字体设计

字体设计作为一种艺术手段和方法，属于视觉传达设计的范畴，研究的是文字的笔画、结构、创意变形等艺术规律，是美学与工学的交汇。字体设计具有艺术的美感，与数学相结合，使装饰图案与实用功能相结合。字体设计以不同的设计语言与视觉形式提高了文字的可读性及视觉效果，具有较强的视觉冲击力与感染力。

文字可将商品名称、标题、广告语、说明文、企业名称、地址和电话等商品信息直接传达给观者。另外，文字还具有很强的形式美感和表现力，中外文字字体创意是一种文化含量极高的设计形式，不仅是文字表面的美化加工，还从字形和字意着手，进行个性化创意，具有极大的创意潜力。

实践证明，文字创意视觉表达有着无尽的创意空间，可以在字体的框架、结构、意向上展开创意思维，并进行抽象表现和其他视觉表现形式的多样复合，制作出具有强烈视觉感染力的形式语言和多变的视觉效果。

在以字体为主要元素的设计作品中，应该根据设计所传达的功能，决定字体设计的具体特征。在调整文字的结构与基本笔画的时候，必须充分考虑各位读者的认字习惯，不能仅仅为了追求个性和创新，就直接忽视了字体本身的识别性，如果失去了基本的信息传达功能，这样的字体设计也就失去了意义。因此，字体设计应该合理，通过对文字本身的特征进行夸张和变形，进行图形化和意境化的形象处理。

在进行形象化创意时，需要特别关注文字中具体形象的位置以及图形和文字之间存在的相互关系，以确保不会对文字的完整性和可识性造成任何影响，从而达到增强字体表现力的目的。除此之外，还应当格外关注避免因生搬硬套抑或是简单图解化而导致的字体格调平庸的情况。字体设计必须具有鲜明的个性特色，体现出作者对生活、社会和自然等各方面的认识和理解。通过确保字体的流畅性、观赏性以及引人注目的效果，以便清晰准确地传达文字所蕴含的意义。

字体作为视觉语言的符号，既是传递信息的媒介，又是交流情感的有效载体。

字体创意设计就是运用恰当的文字形象，准确地传达"信息"的内涵，使文字反映的主题内容尽可能体现在字体设计的形式之中。在构思过程中，需要对文本进行艺术化的加工处理。通常情况下，这种方法并非通过具体形象的穿插配合来实现，而是通过运用文字笔画的偏旁、结构的巧妙变化来达到预期效果。为了达到内容与形式的和谐统一，我们需要对文字的创意有个性化的理解，让其在平凡中显现出神奇的魅力。

在广告中，为了满足使用对象的主题要求，我们需要精心设计文字，突出其独特的个性色彩，创造出别具一格的字体，为观者带来新奇的视觉感受。特别是在对企业和产品进行形象设计的时候，我们必须避免与已经存在的诸多设计作品的字体出现重复或相似的情况，并且，也绝对不能够出现主观上故意模仿或抄袭的情况。在构思特定内容的字体时，必须深入探究字的形态特征和组合编排，不断进行修改与思考，方能创造出具有独特个性的文字形象。字体装饰性的设计表现手法繁多，包括连接、折带、重叠、断笔、扭曲、空心等。

2. 图形设计

作为一种视觉形态，图形本身具备的语言信息表达特征是其独特的表现形式。比如，三角形呈现出一种锐利的角度，带有强烈的斗志和不屈不挠的精神，六边形并非圆形或方形，而是一种具有稳定性和灵活性的几何形体，圆形的线条呈现出一种柔和的曲线，令人感受到一种宁静祥和的氛围，正方形则给人以稳定感、平衡感，展现出一种庄重而又静止的特质。这些都是由图形本身所决定的，它们之间有着密切的联系。因此，视觉传达的构成要素具备一系列独特的特质。

（1）表现性

在视觉传达设计中，图形或符号的使用必须明确其含义，以确保视觉传达信息的接收者能够快速且准确地理解或解读图形信息。

（2）象征性

在视觉传达设计中，若欲运用、构思、创作图形语言，则应将图形的象征意义视为设计要素，进行深入思考。视觉传达信息的接收者可以轻松理解和感知信息语言的目的和效应，这是由图形所具有的象征特性所带来的。因此，在视觉传达设计中，图形构成要素的运用是整个设计的基础，只要能准确运用图形构成要素，并将视觉传达图形设计的艺术性和表现性，功能性和象征性相互统一，就能达到较完美的视觉传达图形设计效果，同时获得视觉传达信息接收者对信息的认知和反馈。

（3）功能性

在视觉传达设计中，图形语言的运用应当充分激发视觉传达信息接收者的联想能力和视觉体验，以达到更高层次的信息传达效果。在图形语言的创作设计过程中，我们需要进行视觉形象的再思考，以确保视觉传达的语言信息能够被接收者完全理解。

在信息传播的过程中，虽然图形和文字一样，都是设计者的语言，但是它比文字传播的速度更快，包含的信息更广，而且更易于记忆。它可以通过各种形式来达到传播效果，也更容易给观众带来强烈的视觉影像，达到更好的传播效果。图形以其独有的"形象"化特征成为广告构成中不可缺少的重要元素。它的"形象"可以是某个具体的产品，也可以是将产品夸张抽象后的某种形态，无论何种形态，它都是设计者想要更好地表现产品所传达出来的情感语言。

图形语言其实就是用点、线、面等各种形式的基本图案来替代文字、表现自身的形式语言，对于广告信息的传达有着重要意义。它能更好地表达设计者的情感张力，给观众以文字不能带来的强烈视觉冲击，丰富产品的自我魅力。越是富有内涵意义的图形语言的表达，越能生动有力地吸引观众的视线，传递产品蕴含的信息。

图形创作的过程其实就是一种思维创造的过程，设计者将通过产品引发的创作概念联系视觉形象对人们的心理起到刺激作用，进行生动有形的构成表达。在创作过程中，生活经验的积累和艺术修养的提升都是有利于图形创意独具特色的因素，而丰富的联想力更是图形创作的基础，再加上以想象作为动力，通过解构、同构的形象整合形式，使广告作品达到最佳的传达效果。

3. 色彩设计

色彩在广告中具备一定的象征意义，一些广告通过色彩的装饰后能使观者产生丰富的联想，甚至能影响人的情绪，如一些甜品广告能通过色彩刺激人的食欲。

因此，广告色彩与消费者的心理及生理反应有着密切的联系，通过色彩的这种特性，使消费者与画面产生了有趣的互动。

在视觉传递的过程中，色彩扮演着第一信息刺激的角色，因此，视觉传达信息的接收者对色彩的感知和反射表现出了最为敏锐和强烈的反应。人类视觉系统对色彩刺激的感知呈现出一种由强到弱、再由弱到强的趋势，这是由视觉生理因素的反应导致的；人类视觉系统对色彩的喜恶反应则是由满足到不满足、再由不满足到满足，这是由视觉心理因素的反应所致。总而言之，广告色彩可以引导消费者，增强其对广告的好奇心，达到促销目的。

4.版式设计

在解释版式概念之前，要知道什么是"版"。在中国古代，"版"与"板"的字义是相通的，即造房筑墙用的夹板，两"版"相夹装满泥浆，筑成高墙。以后，"版"引申为片状形态、表面平整的物体。唐代时期发明了雕版印刷术，即在木板上刻字，然后刷上油墨，将字体印在纸上，这是最古老的印刷术。其中，刻有文字、图形的木板叫作"印版"或称为"版"。由文字、图形、符号及空白组成平面，称为"版面"。由此可见，"版式"就是版面色彩、图形、文字编排或设计的形式。

"版式"是视觉传达设计的基本要素，有两种属性：首先，版式是视觉传达设计的平面体视觉传达所要表达的信息，通过色彩、图形、文字符号等元素编排、提炼、设计在一个或多个平面内，这是内容与形式的结合体；其次，版式是视觉传达设计的信息发布载体在视觉传达设计领域，各种视觉传达信息可以通过多种媒介载体进行视觉信息的传达，如视频形式、网络形式，而版式形式是视觉传达的专属信息发布载体。版式载体具有信息传播面广、信息涉及量大，视觉传达信息接收者感知和反馈速度快的特性。

在视觉传达设计的演进过程中，在较长的一段时间，视觉传达一直处于平面设计的阶段。从蔡伦在东汉时期改进的造纸技术，到唐代雕版印刷术的创造，再到宋代毕昇开始应用活字印刷术，以及15世纪中叶铅活字印刷术正式出现，最后到18世纪中叶锌版印刷技术逐步发展成熟，在这一过程当中，平面设计一直肩负着传递视觉信息的重要使命。在平面设计中，版式作为基本构成要素，经历了多次演变、发展和创新。现如今，传统的印刷排版形式已经远远不能适应人们对印刷品质量与效率的要求。在这个电子技术高度发达的时代，印刷技术正在经历着一场前所未有的革新，设计制版技术的不断更新和提高，为视觉传达平面设计的版式编排与设计，提供了广阔的视野空间。因此，视觉传达设计是平面设计的延伸和扩展。

三、视觉设计形式美原理

（一）点、线、面的空间美感

1. "点"的视觉原理

在广告中点是基本的形，可以是一个文字，也可以是一个商标或色块，因此，在画面中单独而细小的形象都可以称为"点"。点的面积虽小，但对它的形状、方向、大小、位置等进行编排设计之后，就会变得生动而富有表现力，产生不同的视觉效果。大点与小点可以形成对比关系；重复排列的点可以给人一种机械的、冷静的感受；点在版面上的集散与疏密会带给人空间感。点可以成为视觉中心，也可以与其他形态相互呼应，起到平衡画面、烘托画面氛围的作用。

2. "线"的视觉原理

线在构图中的作用是表示方向、长短、重量，还能产生方向性、条理性。线是分割画面的主要元素，以线为构图要素的广告，可以给人规则感和韵律感，产生独特的美感和冲击力。水平的线能表现平稳和宁静，是最静的形式，如果画面中有一条水平的线条，它能缓和人们的情绪。水平线的位置较低时会给人一种开阔的感觉，而较高时则会给人一种亲近的感觉；对角线很有活力，可以用来表现运动；曲线能表现柔和、婉转和优雅的女性美感；螺旋线能产生独特的导向效果，可以在第一时间内，更快地吸引观众的注意力；汇聚的线适合表现深度和空间。占画面主导地位的垂直线条，能强调画面主体的坚实感，常被用来作为封锁画面的坚固屏障。此外，画面中的色彩、图形的边缘、文字以及各种点在人们头脑中还可以形成心理连接线，即形成无形线。在构图时，可以选择一根突出的线条引导观众的视线，使整个画面由原来的杂乱无章变得简洁有序，具有节奏感和韵律感。

3. "面"的视觉原理

面的形象具有一定的长度和宽度，受线的界定而呈现一定的形状。圆形具有一种运动感；三角形具有稳定性、均衡感；正方形具有平衡感；规则的面具有简洁、明了、安定和秩序的感觉；自由面具有柔软、轻松、生动的感觉。面的大小、虚实、空间、位置的不同也会让人产生不同的视觉感受。例如，同样大小的圆，会让人感觉上面的大，下面的小，亮的大些而黑的小些。用等距离的垂直线和水平线组成的两个正方形，它们的长、宽感觉不同，水平线组成的正方形给人的感觉稍高些，而垂直线组成的正方形则使人感觉稍宽些。填实的面给人的感觉较重，未填实的虚面让人感觉轻盈，有一种透视的空间感。

（二）变化与统一的协调

视觉形式之美由比例、平衡、对称、对比等多种形象构成之规律的显现。视觉的形态千变万化，然而只有在遵循一定规律的前提下，才能呈现出美感，而这种美感的关键在于变化和统一呈现出协调的效果。

1. 对称

或许人类最早掌握的美感规律就与人体对称的形态有关。对称是美的重要特征。由于对称的镜面效果，两侧的形状共同拥有一个中心轴，中心两侧的分量（包括重量、体量和色彩）在视觉上完全相等，形成规则的镜面对称（可上下对称，也可左右对称），在相对静止的状态下，就像天平两侧的重量相等。对称的图形往往有一种"静态"之美。当人们注视着对称的图形时，他们的视线会停留在中央，这种视觉上的平衡和稳定让人获得了一种安定的氛围感受。

2. 平衡

平衡的基本原理、目的在于中心（支点）两侧的分量相互接近、完全相同。在平衡状态下，支点的位置不应处于正中心，而应向一侧倾斜。视觉经验是掌握不规则均衡的关键，因为它无法像左右对称那样进行定量设计，需要更多的认知和理解。在平面设计中，平衡原则是图形设计和画面构图中不可或缺的元素。

3. 比例

我们常说的比例，就是指画面当中存在的各种视觉元素在各方面的比较关系。曾经，比例只是作为十分严谨的数学概念存在的，但是在实际的设计工作当中，并不存在一种固定的公式可以被沿袭使用，这使得"比例"这一概念变得更加复杂和多样化。在实践中，有三种比例被证明可以满足人类的需求，从而获得满足感。

一是等差数列比。指设计中各个形之间的长度分割或距离分割，呈渐变状态递增或递减排列。

每两个相邻形的尺寸大小之间的数字"差"是相等的，如1、2、3、4、5、6、7，它们每两个数字之间的差都是1。

二是黄金比（黄金分割）。把一条线段分割为两部分，其中一部分与另一部分之比的近似值是1∶1.618。设置高和宽之比为1∶1.618，可得到一个标准的黄金矩形。古希腊人认为黄金分割是完美的比例，他们在造型艺术和设计中大量应用黄金分割。艺术史上几乎所有的杰出作品都不谋而合地验证了这一著名的黄金分割律，如古希腊帕提侬神庙、中国的兵马俑，它们的垂直线与水平线之间竟都符合1∶1.618的比例。

三是"网格法"。在几何形网格中，为图形确定相对比例和位置，以避免排列的错误，同时也便于接版。民间的十字挑花，依平纹布的经纬方格绣制，所有的比例都与方格有关。现代设计中四方连续排列的定位，也多利用网格系统，确定纹样的大小，但不一定绝对受网格的制约。

4. 节奏

节奏指一定单位的、有规律地重复而形成的有节拍的运动感，分成重复节奏和渐变节奏两类。

一是重复节奏。由相同的形状等距排列形成，无论是向两个方向、四个方向延伸还是循环，都形成最简单且最基本的节律。重复节奏是一种统一的变化，像音乐的节拍一样。

二是渐变节奏。渐变节奏也需要重复，但每个单位包含逐渐变化的因素，从而淡化分节现象，有较长时间的周期性特征，就像音乐的渐强、渐弱一样，发生有组织、有序的变化。渐变节奏高潮迭起，是明快而有规律的运动形式。

5. 韵律

视觉的韵律犹如诗歌中的音韵，给人带来极致的享受。它在不同时期和场合表现出一定程度的规律性特点。节奏是韵律的重要组成部分，然而它所带来的美感超越了单纯的节奏，呈现出内在秩序和多样变化的集合，节奏和变奏不断进行变换，极为流畅且优美。通常情况下，具有时间性的艺术形式，如音乐、舞蹈、诗歌等，都能够表现出律动美，其韵律与时间紧密相连，并呈现出周期性的特征。四季轮回、植物生长、动物运动，以及各种生理反应，皆呈现出律动的现象。在自然界中，山峰、海浪等形象不断重复，呈现出一种视觉上的律动之美。

（三）视觉中心效应

1. 视觉规律

视觉规律主要是指视知觉获得信息的规律，与人们的习惯有较大关系。人们在阅读广告时，其视线一般是从左到右、从上到下，从左上沿着弧线向右下方流动，这是一种很自然的习惯。人的视觉在一个界定的范围内，其注意力是不均衡的。一般情况下，视觉注意力上部要比下部强，左侧要比右侧强，中间要比周围强。通常，人的最佳视域在画面的左上部和中上部，而画面上部占整个面积的三分之一处是最为引人注目的视觉区域，是注目度最高的视觉中心。视觉中心能够突出特征，是左右消费者对版面认识的核心元素。

2. 视觉流程

视觉流程是一种视觉空间的运动，目的在于引导观者的视线随着设计元素进入到组织有序、主次分明、条理清晰流畅的阅读。简单地说，视觉流程是观者在阅读广告时，视线移动的习惯性顺序。通常，视觉流程可以分为单向流程、曲线流程、反复流程和导向流程等几种形式。一般来说，观众习惯按照从左向右、从上到下的顺序移动视线，但这也不是绝对的。广告上最突出的形象或者色彩往往会形成画面的重心，可能会首先吸引观者的注意力。通过广告的编排，如点与线的指向性与力场、动势的作用，都可以引导观者的视线。

3. 视觉焦点

视觉焦点也称"视觉震撼中心"，它是版面中能够最先、最强烈地吸引观众目光的部分。一般情况下，"大"能成为视觉焦点，因此，大的图片、大的标题，以及大的说明文字放在版面的显著位置，可以迅速吸引观众的注意力。

除此之外，特异的事物也容易引起人们的兴趣和关注。特异的视觉要素通常是画面中冲击力最强的部分，通过形态、方向、色彩、空间等调节手段创造特异性，可以形成视觉焦点，强化广告的主题。

4.广告识记

广告识记就是通过感觉器官将外界的广告信息留在脑子里，广告识记是获得广告的印象并成为经验的过程。广告识记就是识别和记住广告，把不同的广告区别开来，使印象在头脑中不断积累的过程。

（1）无意识记

在个人活动中居于关键位置的是无意识记，人记住的许多广告是通过无意识记积累起来的，富有特色的广告，通过"潜移默化"的作用，使人通过无意识记在脑中记录并保留下来。在广告活动过程中，有时虽然广告受众没有给自己提出明确的识记目的和任务，也没有付出特殊的意志努力和采取专门的措施来识记广告，但通过无意识记这些广告都自然而然地保留在大脑中，"耳濡目染"成为广告经验的组成部分。

（2）有意识记

广告有意识记是一种复杂的智力活动和意志活动，要求有积极的思维活动和意志努力。例如，一个打算购买笔记本电脑的人，在购买之前可能会主动地阅读《笔记本电脑指南》，去寻找各种品牌的笔记本电脑的有关资料，对笔记本电脑的广告格外注意。为了购买一套比较好的组合音响产品，消费者会走访多家电器商店，对每家出售的组合音响产品的价格、功能、音色、音质等形成比较准确的记忆，比较各产品，最终作出购买决策。总之，消费者为了购买某种产品，会自觉主动地收集有关该产品的信息，并努力记住这些商品信息的内容，这就是有意识记。

第三节　现代广告设计的形式原理

一、现代广告运作的全过程

现代广告运作是一个商业信息采集、加工、传播的过程。一般而言，在现代广告运作中，广告主是这个过程的发起者，根据企业营销战略的需要制定广告目标、投入广告费用，并对整个广告运作流程进行控管。广告代理公司接受广告主的委托并按照广告主的要求开展市场调查、具体策划和执行广告活动，进行广告创意和设计制作，联系广告媒介。广告媒介则承担着将广告信息传播给广告目标受众的任务。

广告主、广告代理公司和广告媒介共同构成了现代广告运作的主体，在现代广告代理制的规范下，现代广告运作实质上是广告主、广告公司和广告媒介在相互合作、各司其职的基础上进行的商业信息采集、处理和传播。通常情况下，在广告主与广告公司达成合作意向之后，广告运作将进入商业信息的采集阶段，广告代理公司会对市场和广告主进行必要的调查研究，以便充分了解市场和广告主；基于调查研究，广告公司将对信息进行分析和处理，广告策略、主题、创意等被依次提出；依据广告策略、主题和创意的要求，具体的广告作品将被设计和制作，并按照策略进行媒体投放。

现代广告运作流程大致由信息采集、信息处理和信息传播三大板块构成，每个板块都有着自己特定的目标和任务。就单个板块而言，现代广告的运作又呈现出以下步骤：

（一）信息采集阶段

广告主要提供一个广告计划，这可能包括营销和广告的目标、广告预期效果和广告预算等。在分析市场的基础上，广告代理公司还会对广告主自身的情况进行了解，对其产品或品牌目前的状况进行分析和诊断，以确保广告策划的针对性和有效性。信息采集阶段是进行广告运作的基础和保障，为后期广告的正确策划和执行提供必要信息，这一阶段也是广告代理公司与广告主进行沟通和磨合的主要阶段。

（二）信息处理阶段

依据在信息采集阶段获得的关于市场、广告主等各方面的信息，广告运作进入策划阶段。一般而言，广告公司会根据市场调查和消费者分析的结论进行一系列针对产品的调整和规划，其中包括产品是否需要明确定位、产品细分的策略等，在必要的时候，这个过程可能还会涉及品牌定位的调整。明确的产品和品牌定位将在理论上为广告传播指定目标受众，因此，广告内容如何满足特定的目标受众成了广告策划应该考虑的中心问题。

广告公司将针对目标受众的消费心理、习惯和行为等进行系统的了解和研究，从而确定什么样的广告信息更容易被目标受众接受并且让他们产生深刻的印象和好感。依据目标受众的偏好，广告主题将被提炼，并最终以简洁生动的语言呈现出来。广告主题通常将体现策划者对广告传播诉求方式的选择，但无论诉求方式是感性的还是理性的，其必然要从受众的心理需求出发。一个好的广告主题能够很好地与受众消费决策类型匹配，配合有效的广告表现策略，使接下来的广告传播活动能够引发受众的共鸣和行动。广告主题确定之后，广告运作进入创意阶段。广告代理公司将根据广告主题、诉求方式制定广告表现策略、进行文案创作。这个过程将利用创造性思维确定广告表现将要出现的图形、符号、视像等信息传播要素，创作配有图形符号的广告文案，从而为广告作品的具体设计提供素材。

（三）信息传播阶段

信息传播阶段是整个广告策略的执行阶段，在这个阶段，广告创意中的素材将被设计为具体的广告作品并进行制作和发布。现代广告设计将从图形、符号、色彩、字体、版面等角度出发，利用现代设计理论和方法将广告创意还原为具体可见的视觉画面。在现代广告设计的过程中，设计师根据广告主题、创意要素、产品调性、消费者偏好等因素，通过对图形及图像的创造性处理、色彩的巧妙利用、版面的恰当编排和字体的独特设计使得广告作品能够在配合广告主题、传达产品和品牌信息的基础上引发消费者的兴趣和关注。

广告设计完成之后就进入广告制作阶段，根据发布媒体的不同，这个过程可能会涉及印刷、喷绘、拍摄等制作方法。根据目标受众的媒体接触习惯，广告代理公司将制订一个媒体投放计划，最终，广告作品将依据计划投放到广告媒体与目标受众见面，广告信息由此在目标受众中得到传播。在此过程中，广告运作还可能配合特定的营销活动，以进一步吸引消费者的关注，提升广告效果。

从广告信息传播的整个过程看，现代广告的运作开始于广告主对广告目标的制定，结束于目标受众在接受广告信息后所采取的行动。随着市场环境、企业经营理念和广告媒介的不断变化，现代广告运作的具体过程也不断发展变化。

二、广告创意视觉想象与表达

（一）广告创意视觉想象原理

想象是人脑对已有表象进行认知加工、创造新形象的过程。人能够根据外界事物的特性及口头、书面文字的描述或某些象形符号在脑中形成没有感知过的事物的形象。想象是过去经验中已经形成的记忆表象在脑中进行新结合的过程。

广告的特色就是在创意过程中通过新颖的设计、独特的图形、文字符号甚至是某些情景来激活人脑中的经验表象，使其在事物之间发生联想。广告创意要引发人们的有意想象，必须根据某种商品的特性来塑造其形象。观念广告是通过提倡或灌输某种观念和意见，试图引导或转变公众的看法，影响公众的态度和行为，传播社会潮流的某个倾向或热点，因此，常根据当时的社会潮流或公众的心态来设计。再造想象是依据词语描述或图表描绘，在人脑中产生新形象的过程。消费者在欣赏广告时，再现广告创意者构思的形象就是再造想象。创造想象是在刺激物的作用下，人脑创造性地利用已有表象形成新颖独特的形象的过程，让观赏者认识到新颖、独特、具有重大社会价值的形象。

丰富的想象力是广告设计中重要的创作方式，是在人已有的思维基础上，通过对视觉的冲击，在大脑中寻求、发现或组合事物之间的相互关联，从而达到广告的效果。

在营造具有强烈视觉冲击力的广告效果时将画面主体物更进一步地放大、突出，使其活跃于画面视觉中心位置，并借助画面光影效果衬托出主体物，利用画面元素的主次和对比关系，使画面呈现出不同凡响的视觉张力，从而给人留下个性鲜明并且印象深刻的广告效果。

根据广告内容的需要，在广告画面中将图片、文字、色彩等元素进行有机的组合和使用，通过夸张、幽默或强调等表现手法使画面形象更加突出，此时产生的视觉效果可给人一种艺术性的感染力，在引人注意的同时还能明确主题，加深观者印象。

（二）广告创意表达原理

人的经验来源于生活，来源于人们的现实世界。对生活、对周围世界精心洞察，用心体验，才能形成新颖的、深入人心的广告内容。

不同的广告与不同消费者的想象有密切联系，因为当我们的知觉事物直观形象时，被感知对象的特征会与我们的观念、需要、偏好、自我知觉、人格动机等心理内容发生类化，出现符合自我知觉或自我需要的想象。把解决某个问题取得的经验，转移到解决类似的其他问题中去。

在广告创意过程中需要转移经验，洞察广告内容与消费者想象间的关系，产生鲜明生动的具体表象。广告的主题需要由语言、文字、图形符号或事物形象甚至某种韵律来实现，在设计中要注意联想的规律对观众心目中广告主题的再现作用。

接近联想是指由一事物联想到空间上或时间上与之相接近的事物；对比联想是由某一事物的表象使人回忆起具有相反特征的事物；相似联想是由事物的特征相同或相似，很容易由某一事物联想到另一事物，在广告设计中要将商品的某些特征与其同类的事物联系起来，使人由熟知的事物联想到广告的商品，即"记得绿罗裙，处处怜芳草"。联想的心理成分是表象，可以借助语言符号、具体事物，甚至是姿势与形状等刺激在人脑中建构新的表象，正确利用表象是非常重要的。

三、广告图文设计与编排

（一）广告图形设计原理

图形设计原理主要是以视觉审美规律整理形态，使之成为设计作品。在广告设计创作之初，每个人手头会有一大堆形象资料，如果有效组织这些素材，就能创作出具有视觉美感和视觉效应的广告设计作品。视觉形态构成应该有组织、有秩序地反映客观本体的自律性，应遵循协调、精确、均衡、秩序等审美原则。理解并运用这些原则与形式，设计就有基本保证。最初的设计先从黑白图形结构的有效组织开始。

1. 形象的重复

复制若干单形，使其在画面中连续排列，反复出现，获得全新的形象，即为形象的重复。一般情况下，用于重复的单形，其形状、大小、色彩、肌理都要相同。

单形完全一致的重复，称为绝对重复。单形不完全相同，只是相似的重复，称为相对重复。重复使视觉形象秩序化、规律化，具有统一、整齐的视觉效果。

2. 形象的渐变

将重复的单形组织为有节奏的循序变动，按照人们日常生活的视觉经验，由大到小、由长到短、由正到反、由稀到密、由宽到窄、由明到暗排列形象。渐变构成能产生新的视觉图形，还可产生阴阳交错、光影变化、视觉错觉等视觉效果。

3. 发射构成

将重复和渐变的图形按照一定的骨骼线环绕着一个或几个共同的中心点向四周扩散，即为发射构成。发射构成具有强烈的视觉效果，令人炫目。若需要强有力的、醒目的图案，发射构成的形式最为合适。发射图形有以下三大典型特征：一是多方向的对称，带来美感；二是强烈的视觉焦点作用（此焦点通常位于图案的中央）；三是能造成光学的律动美，吸引视觉。

4. 变异构成

变异构成突破规律，在重复、近似、渐变等构成形式的有规律排列中，有意识地出现一个或少数不规律的基本形，以此突破规律，获得独树一帜、鹤立鸡群的视觉效果。

在保证整体规律的情况下，小部分与整体秩序不合但又不失联系，这一小部分就构成变异的主体。变异的程度视具体情况而定，有时是规律中极轻微的偏差，有时则与规律差异甚大。不管何种程度的变异，都不应失去与整体规律的联系。可采用变异方法和变异元素，打破设计的一般规律，以引起人们视觉上的注意。

变异的基本形和规律的基本形应该大同小异，它们整体关系密切，但又能显而易见地引起人们的注意。变异的基本形应集中于一定的空间中，不能散乱；变异的基本形应尽量少，甚至只有一个，这样的强反差对比才能形成强烈的视觉中心，以突出变异。变异构成的形式概括如下：

第一，规律的转移。原有的变异基本形反复排列后，形与形之间彼此关联，从而形成新的规律，原有的规律转变为新的规律，叫作规律转移的变异。

第二，形象的破坏。破坏包括毁坏、砸坏、撕裂、折断、碎裂、爆破等。破坏的部分以少为好，与整体形成对比，效果简洁、视觉冲击力强。

第三，形象的异化。可以是从一个形异化成另外一个形，也可是形象变形压缩、拉长、扭曲、夸张、改变质感、投影变异等。其形象既变化又含蓄，别有一种趣味。

上述的"规律的转移""形象的破坏""形象的异化"并不是死板的定律，而是可以灵活穿插运用的。

5. 形象的对比

视觉画面中的对比是视觉存在的前提，如果只有白或只有黑，就不会产生形象，只有黑白对比才能显示出形象，而要使对比的形象更明确突出，就要对形象各元素之间的大小、疏密、虚实、显隐及形状、色彩、肌理等对比关系做更深入的研究。

6. 形象的空间

视觉空间是指具有高、宽、深三次元的平面幻觉空间。在平面上以立体的视幻觉来丰富视觉是人的视觉需要。空间构成研究在平面上有效构成空间立体，达到丰富的设计效果。

7. 形象的夸张概括与同构

夸张：对某一局部做夸大实事的处理。

概括：可以使形体简化和凝练，加上主观的取舍，突出主题，用一颗心、一道裂痕、一滴眼泪，可以讲述一个要用许多文字才能讲述清楚的故事。

质感的转换：物象的质感转换，即是突破物体原有的质地概念。

形体的同构：将一个物象原有的造型特征转变为另一物象的造型，二者有机地统一在一个新的视觉形象之中。

虚构的空间：虚构空间主要包括实空间与虚空间的臆想表现，客观的三次元空间，在描绘它们时往往受限于客观规律，使表现不易获得突破性的发展，对虚构空间的训练能使我们学会任意联想和想象，让心智飞翔，获得表现臆想空间的能力。

（二）广告文字设计原理

通过电脑设计软件进行汉字形象的艺术创造，使得美术字呈现出丰富多彩的形态，字体可被精心加工，促进汉字形象的美化，并且，还能够较为直观地表情达意，更好地实现情感的抒发。黑体和宋体是字体变化的基础，通过丰富的想象力，在笔画、字形、结构等方面进行巧妙的调整，以获得更加优美的效果。值得注意的是，现阶段存在五种不同的字体变化方式，下面将会进行简要的介绍。

1. 字形变化

汉字形状基本是方形，可变方为圆，如三角形、圆形、曲线形以及透视形等，从而进行夸张，给人以强烈和清晰的美感刺激。

2. 结构变化

在不失字体特征和均衡的基础上通过倾斜、重叠、夸张变形创造出新的字形，有意识地把字的结构或部分笔画加以伸长、缩短；或者适当移动部分笔画的位置，或把字与字的个别笔画连接起来，可以创造出富有浪漫色彩的文字形象，产生活泼、明快、别致等情调和联想。

3. 背景装饰

在字体的周围或背底装饰不同的点、线、色块或图案，使字体更醒目、更集中、更美观、更突出、更具有艺术魅力和强烈印象。

4. 本体装饰

装饰美化美术字的字体本身，可根据商品主题的需要，装饰和变化点、线、色彩、图案，使文字别开生面，更具有吸引力。

5. 形象组合装饰

根据汉字本身的含义进行装饰，使文字与形象结合，或者使文字与图像合一。具体方法是在美术字上添加形象，产生特有的装饰艺术意趣，从而引人入胜。

（三）广告图文编排原理

1. 编排的概念

编排即在有限的版面空间里，将版面构成要素——字体、图形、线条和色彩诸因素，根据特定的内容需求进行排列组合，并把构思与计划以最有效的视觉形式表达出来的艺术手法。任何一个视觉空间都需要将各种视觉要素有序地加以组合，使之形成统一的画面。通过巧妙而有艺术感染力的编排，可以使设计作品清晰、有条理地传达给观众。

2. 广告图文编排形式

（1）文字式

文字式的编排，即整个版式以文字为主，图形只作为点缀存在。设计时其吸引力主要来源于文字内容或者字体、字号的变化，编排时既要富有变化，又要清晰易读。

（2）图片式

图片式的编排有全图式和多图式两种。全图式是指以图为重点，利用图片直观、形象、真实的传播特点，强调产品的与众不同，使受众直接感受到产品的独特魅力。整个广告以画面为主体，文字只是作为点缀，靠精彩的图片来吸引受众。当产品的图片资料较多并且表达的信息量较大时就需要编排多张图片（多图式）。图片和图片之间的联系是多种多样的，对多图式的编排来说，可以将图片依照一定的格式，形成秩序感，也可以采用重叠处理手法，将小图片重叠在大图片上，或者重叠其中的一部分，产生较为生动热烈的效果，为整个画面增加一些意想不到的气氛。需要注意的是，在编排过程中要分清楚图片的层次关系，以免产生喧宾夺主之感。

（3）散点式

散点式是将画面的构成元素在版面上做规则或不规则的散点构成，看似随意，实际上却要求独具匠心才能产生好的视觉效果。设计时各元素的大小、方向都可根据需要变化，没有固定的格式，比较随意，但需要注意的是在元素摆放上的疏密感和节奏感。

3. 广告构图原理

构图是一种将形态和空间相互融合的艺术形式，通过引导观众的视线，提升作品的传播效果和审美价值，从而将特定的多个元素有机地结合在一起，形成一个具有说服力的作品整体。在平面设计中构图具有十分重要的地位，它既可以作为一种设计方法来运用，也可以作为一个独立的艺术门类进行创作。传统的构图注重和谐的一致性，而现代的构图则追求视觉上的刺激，无论是传统构图还是现代构图，都追求视觉上的平衡。构图要符合形式美法则，即简洁、匀称、对称、均衡。一个成功的构图必须呈现出清晰、明快、突出视觉中心、稳定、饱满，能够展现出令人愉悦美观的视觉效果。构图应符合美学规律。对于构图的基本结构形式，必须追求极致的简洁性，以呈现出最基本的几何形态。另外，这些表达方式具有相对性，因此，我们可以采用它们的近似形式。

（1）"中心式"构图原理

主图在画面中心部位，呈三角形或倒三角形的构图，或呈十字结构等，有崇高、坚实、稳定、向上的感觉。这种构图形式视觉中心突出，西方古典绘画中经常使用这样的构图，如达·芬奇的《岩间圣母》、拉菲尔的《花园中的圣母》等，它也是广告构图中常用的形式。

（2）"水平式"构图原理

水平构图的画面一般是横向的，给人以安定、平稳、平静、开阔的感觉。

（3）"垂直式"构图原理

垂直式构图里有完全直线型和十字交叉型，后者形成的交叉点成为视觉中心，给人以专注、焦点很强的感觉。垂直式构图中的对称给人庄重、醒目之感。

（4）"斜线式"构图原理

斜线式构图灵活、简洁、有力，有空间速度感、运动感。斜线度一般以30°为好。

（5）"S"形构图原理

"S"形构图给人以优美、起伏、迂回、空间、距离之感。中国画中的山水画，经常使用这种类型的构图，称为"之"字形构图，风景迂回上升，将观众视线顺"之"字形引向上方，并造成三度空间感。"S"形也宛如人体柔和的曲线，有一种优美流畅的感觉。

4. 文字编排原理

广告说明文的编排以方便阅读为原则，具体包括以下几点：

（1）化零为整

文字项目较多，编排时，要把它们严密地组合起来，按文字的内容和主次，集中组合在一处、二处或三处等，避免画面塞满零乱的文字。

（2）兼顾不同对象

广告对象如果是老年人，字体应排得大一些，朴实一些，避免花哨。篇幅较长的文稿，不宜排成一段，可分成几小段，使人一目了然，读起来轻松、顺当。

（3）留有空白

空白极为重要，在视觉上疏密得当、计白当黑，可突出主题，使画面清晰、不拥挤、视觉舒适、容易识别和记忆。

（4）字行

无论横排还是竖排，每行字数不宜过长，尽量减少眼神上下移动或左右移动的距离。若排得太长，阅读时容易疲劳、串行。

（5）行距

行距要大于字距，起码是字距的一倍以上。行距清楚便于阅读，不至串行。

（6）字距

字距不宜过密，过密不易辨认。恰当的行距和字距使文字清晰，阅读轻松。

（7）整体安排

文字要与其他诸要素有机组合，构成整体，创意时要充分考虑文字，不能在画面完成后才找位置安放文字。

（8）主次分明

品名、标题字的位置和大小要醒目突出，使消费者一目了然，瞬间接受广告内容；次要文字可小一些。文字编排要讲究大小对比、疏密对比，使之清晰好认、主次分明。

5. 广告图文整体编排原理

（1）图文编排重心关系

图文编排的重心关系决定画面的安定与否，重心不稳的作品缺乏安全感，使人感到失去平稳。重心应偏上，避免靠下或偏于一侧。画面中的视觉中心点总是要高于几何中心点，视觉重心也应高于几何中心点。

（2）主辅协调关系

图文编排设计应将最重要的信息安排在画面最重要的位置上。图和文字要相互调协，图文在互补关系中所处的地位并不是平分秋色，图文本身要精美，更要两者和谐统一，表现出整体美。除报纸广告外，大多数广告以图为主、文字为辅。

（3）呼应关系

广告设计应注意使图形和文案相互呼应，图形的风格应与文字字体一致，黑体、综艺体适合现代风格的图画，宋体、隶书适合传统风格的图画，针对老人、孩子的广告适合使用幼圆体，字要大一些，色彩也要注意呼应和协调。

（4）留白

广告上要适当留有空白。留白是为了突出主体，起衬托作用。

（5）动势处理

编排设计时，图和文字的方向感要一致，画面人物目光、身体与头的方向都应和文字联系，产生目光引导、空白引导，以突出主体。平面上还应创造动感，化静为动，使静态画面具有动感。

第三章　现代广告创意思维和表现

广告创意的产生过程需要创作者对广告对象和品牌进行深入的审视和思考，确认创意来源的合理性。本章内容为现代广告创意思维和表现，依次介绍了现代广告创意思维概述、现代广告创意的表现形式、现代广告创意的表现规律共三个方面的内容。

第一节　现代广告创意思维概述

一、"广告创意"具体指向

有学者认为，完整地认识"广告创意"这个词组，有助于加强对创意的把握和认识；也有学者认为，创意是广告活动中的专用词语，以塑造广告艺术形象为主要特征。它是一种超越性、创造性的思维，在整个广告运作中处于中心地位。

（一）当广告融入创意因素

创意的核心点在于"创"字。"创"即创造的意思，是一种关于"言前人所未言，发前人所未发"的行为；"意"即主题或主题思想的意思。

创意是广告的灵魂与生命。创意在广告的执行过程中形成了差异化、独特性的传播方式，从而能起到增强受众对广告的理解、降低广告传播成本、助力品牌增值的作用。简单地说，创意直接影响广告的效用，能有效实现企业的市场营销目标。

同时，创意也是对广告对象和品牌附加值的挖掘。广告创意的产生过程需要创作者对广告对象和品牌进行深入的审视和思考，确认创意来源的合理性。这个过程实质上就是在进一步挖掘创作者和广告委托方对产品价值的认知，通过表现广告创意提升产品新的附加值。

广告可称为一个系统的过程、一个开放的过程和一个循环的过程，由一系列环节构成，从广告主与相关企业成交算起，主要有调查、策划、创意、表现、发布这5个重要环节以及反馈等环节，而创意环节是其中的重要环节。具体来说，调查作为广告活动必要的条件，需要多人参与，策划是一个类型的计划，能够通过会议研究决定，表现是对创意和成果的展现，发布是通过媒体发宣传广告，仅有创意是由单纯的个人产生的。调查与策划的任务就是为创意提供科学基础，服务于创意；后面的表现和发布环节是因创意的产生而形成。在一则广告中，如果毫无创意可言，就会缺少灵魂和生气，也只能是单一地重复模仿，注定会失败。创意的核心功能不可轻视。

(二)广告创意概念研究

我国学者认为,广告创意可理解为创造性的主意,这里提到的"主意"在不一样的情况下可以有不一样的理解,比如,翻译为意念、念头、想法、思想、观点等,它是观念性的、无形的,要想形容它,只能通过有形的东西来表达。但这种有形的东西又与形象、表象、意象、意境等释义息息相关。

表象往往是被广告受众们所熟知的,可以引起某一共同想象的客观形象。表象在创作者感悟、情感经历和理解的共同作用下,再经历一些联想、夸大、浓缩、扭曲和变形,就会转变成意象。意象对客观事物和创作者意象具有不同程度的反映,它能够引导的受众感受也有差异。通过意象体现客观事物的格调和程度称为意境,即意象能够到达的境界。在把没有形态、抽象的思想通过有形的意象和意境表达方面,又会与媒体、画面、文字、音乐、组合方法、层次、结构等联系起来。

概括来说,广告创意指的是创作者在熟悉产品性能和应用价值的基础上,经过市场调研、悉心思考和策划后,利用艺术及文学方法,塑造商品、形象和意象的整体过程,即一个构思的过程。一个新奇的构思一般可以使广告取得意想不到的收获。

《广告专业技术岗位基础知识》把创意活动定义为当代广告运行的核心环节和创意人员通过广告策略对有实效的广告信息传递手段的创新性思考过程。在当代广告运作中,广告创意被认为是创意活动的产物,是既有实效性又有创新性的信息传达方式。

从学界的观点可以看出,广告创意的概念有着特定的含义,它的关键之处就在于对创意的理解。创意就是创造、创建,从字面上理解是"创造意象之意",意象是在人们大脑中产生的一种表象,在创作者感悟、情感经历和理解共同作用下,融入主观情感、情绪和一些竞争氛围,再经历一些联想、夸大、浓缩、扭曲和变形,形成转变的结果。

从这个层面进行分析,广告创意是位于广告策划和广告表现制作中间的属于艺术范围的构思活动,也就是依据广告主题,在精心思考和策划后,应用艺术方法,创新性组合现有材料,以构造一个意象的过程。简单来说,就是关于广告主题意象的意象化过程。

虽然创意已经成为广告业的核心主导概念，但对于什么是广告创意，目前国内外业界、学界尚无一致的看法。根据上述学者的研究，本书认为广告创意可以做如下界定：广告创意指的是广告创作者在了解一个商品的特性后，在市场调研、用心思考和策划后，通过艺术及文学的方式，塑造的一个形象和观念的全过程。

（三）广告创意蕴涵创造思维

广告创意的最大特点集中在一个"创"字上。创造代表形成、构想以前没有的事物及观念，或是把曾经毫无关联的两件或多件事物及观念通过重新组合而产生新的事物或观念。广告活动是否能完成其告知和劝服的职责，在很大程度上依赖于广告作品是否具有创造性。精彩的创意广告作品使广告诉求讯息更形象、更生动、更有劝服力。

本质上来说，广告创意是一种创意性的形象化思维过程。然而，广告创意的思维活动与一般意义下的创造性思维活动有所区别，这种区别在于广告创意的思维活动不仅遵循了一般创造性思维的基本特征（如思维的自主性、求异性、联动性、多向性、跨越性、顿悟性和辩证综合性等），而且还强调了思维的转换性这一根本特点。

思维的转换性是一种思维转化的能力，从逻辑思维过渡到形象思维的能力，或是说，能够把概念的抽象思维转变为具体事物的形象思维。创意人员需要具备丰富的想象力，能够及时转换思维方式，巧妙地将生活中看似毫不相关的对象联系起来，从而使广告创意呈现出具有情理和意外之美的传播效果。

（四）广告创意的要点

成功的广告需要成功的创意，但并不是所有创意都是成功的。成功的广告创意都具备以下要点：

1. 以广告主题为核心

广告的主题是广告作品的核心，广告创意的目的是将广告主题表现得淋漓尽致，从而使品牌形象、产品形象在消费者心中更加鲜明和独特。成功的广告创意应以广告主题为核心，准确地传达广告信息。

2. 以新颖独特为使命

广告创意必须给受众差异性、独特性的感官体验，营造"意料之外"的惊喜，以此吸引人们的注意力。

3. 以有趣生动为手段

广告的有趣生动建立在现实生活的基础上，需要创作者具备丰富的想象力和创造力。成功的广告创意往往需要创作者用有趣生动作为手段，以趣味性的表达建立与受众之间的沟通渠道，软性输出广告内容。

4. 以品牌形象为目的

广告的主要目标是塑造品牌形象，广告必须尽力去塑造一个良好的品牌与产品形象，并使品牌形象不断成长。成功的广告创意既丰富了品牌的内容，又在消费者心中建立了良好的品牌形象，促进了品牌的发展。

（五）现代广告创意的发展

1. 更加注重人性化

"人性化"的基本内涵在于以人为中心。人们越来越注重广告创意的人性化，这已成为一种趋势。人性化广告创意非常注重人们的内在价值，具有人情味，能够提升广告作品的心理影响力，从而更有效地影响消费者的态度和行为。这有助于消费者在心理层面对品牌产生情感偏向，从而发自内心认可品牌，并认为值得购买。当消费者认可并信赖一个产品时，他们会选择购买这个品牌的产品，并且长时间依赖这个品牌。在广告中，只要充分重视人的价值，使得精神与技术产生共鸣，广告创意就会有鲜活的生命力和情感感染力。

2. 兼顾文化性内涵

广告是一个至关重要的文化现象。除了商业价值外，广告本身还具有文化价值，它是社会文化发展的一部分，能够反映广告主的价值理念。当前，文化因素对于广告发展的作用是显而易见的，将创意与文化巧妙地结合起来，不仅能为企业产品增添内涵，也更有助于人们对产品特点产生共鸣。它能够同时满足人们的物质需求和心灵需求。商品本身就蕴含着文化元素，而随着时代的变迁，广告也展现出了不同的文化特征。

二、关于创意思维的研究

我们这里讲创意，指的是发明和创新这两个不同的概念。发明是以前不存在的东西，创新是以前存在的东西，当你从不同的角度看的时候，一种新的组合就出来了。创意思维问题的研究实际上是研究我们如何用一个新的创作状态，用新的视角看问题，从某种意义上改变我们的思维方式。

（一）人类思维的本质特征

思维是人脑的机能和产物，是人们在协作劳动和语言交流的社会实践活动中产生并发展而来的。它是通过语言、符号和形象为介质，能够概括性地体现事物本质及规律的综合性的人脑活动。

1. 思维具有自然属性和社会属性

人类的思维无论有多么的抽象，多么的看不见、摸不着，都是以物质的、人的生理状况为基础的。比如，如果某人健康、朝气蓬勃，则其思维自然敏捷迅速，相反，另一个人已入迟暮之年，步履蹒跚，则其思维自然迟钝缓慢。可见，思维的自然属性为思维的能力形成提供了物质基础。

人的健康状况和个体差异可以明显地制约思维的快慢，但并不能决定思维质量的高低。因为思维的发展方向和水平高低主要取决于个人所处社会环境的熏陶、文化传统的吸收、经济状况的影响，特别是受教育和家庭出身的影响等。人类凭借自身以思维为核心的智力促进了社会经济和科学文化的发展，而一定的社会经济和科学文化又反过来制约着人们思维发展的程度和继续发展的可能，这就是思维的社会属性。

2. 思维具有抽象性和概括性

抽象即指人的大脑对客观事物进行比较、分析、综合和概括的思维活动。这种思维活动的主要方式就是将隐藏在事物中内在的、本质的、共性的、必然的属性抽取出来，舍弃事物表面的、非本质的、偶然的属性，并用概念、范畴和规律等形式固定下来，从而揭示出事物的本质特征和内在规律。

概括则是人的大脑在思维过程中把某些具有相同属性的事物予以归纳、扩大，从而形成关于这类事物的普遍概念。因此，概括就是从个别事物的本质属性推知同类事物的本质属性的一种思维方式。

所有科学的定理和假说等，均是人们以对事物的直观认识为基础，再进行思维处理形成的结果。因此，它们要比那些直接认识事物的表象观察更深刻、更正确地反映出事物的本质和规律性。

（二）创意思维的形成

1. 从问题角度出发

我们用双眼上下左右环顾四周的时候总是忽略了我们头颈还可以转动，我们的身体还可以转动，所以用眼睛看就成为我们审视这个世界的固有模式，而忽略了我们会转动看、我们会上下看、我们会远近看等。当看的方式固化后就不去思考了，这种带有欺骗性的方式很可怕。如果我们抛开独立思考的方式，长此以往，我们的思考就僵硬了。

创意的本质在于思维层面所逆发的灵感，它是解决问题的新方法。创意是智慧的结晶，是思维良性运作的结果。创意的生成过程可能是瞬间灵感的闪现，也可能是耗时数年的烦冗工程，但无论是前者还是后者，都会历经创意的激发至创意的实现等一系列阶段。

创意的产生大多数运用的是形象思维，形象思维的元素被称为表象的记忆材料，只有先有了创意，才能运用概念进行审查、推论，使用逻辑推理技能来证明或反驳该创意。

尽管创意的目标是固定不变的，但从思维层面来谈，赋予了我们充分的自由度，它把全面、灵活的特点诠释得淋漓尽致。在选择创意的过程中，我们可以坦然自由地思考自己最想做的事情，甚至包括那些与自己本职工作不相关的"兴趣爱好"。这种自由奔放的思维方式常常呈现出开阔的视野和不受限制的特点，有时甚至会获得非常珍贵的灵感。

创意是一种变革性的思维跃迁，可以快速将感性材料或启示转化为理性认知，最终形成想法和概念。因此，创新具有破局和开拓的特点。创意是一种思维，在灵感或经验及创新设计方案间起到了桥梁的作用。所以，在创意产生后，必须进行一个验证和鉴别的过程，以筛选出最优的想法，淘汰不切实际的想法，通过逐步推敲、由表及里的思考方式，达到去伪存真的目的。

2. 解读创意思维

创新思维是运用不同于传统惯例的思考方式和策略，来探究、确定和解决设计问题。它可以灵活地运用线性思维和反向思维，也可采用横向和纵向的思维方式。此外，它能将各种因素，如逻辑、形象、灵感、直觉、审美等有机结合，形成一个立体的、多层次的思维模式。

创意思维是人类大脑思维的最高境界，体现着新颖和独特的社会价值。创意思维强调的是一种突破常规、敢于大胆开拓创新的思维方式。创意思维是将思维的理性概念、思想与内在精神通过设计的视觉表现形式得以实现设计的最终目的的思考过程。创意思维主要研究的对象包括人们在进行创意设计的过程中所呈现的思维状态、模式以及程序等一系列的内容。

（三）创意思维训练

创意思维作为一种带有鲜明时代特色和地域特色的思维方式，一直以创新性和先进性作为其发展的准绳，所以，其呈现方式也具有多维度的特点。

1. 必要性分析

从背景因素来说，创意思维呈现的是社会、经济、文化多重因素共同作用的结果，没有哪一个个人或者组织能够脱离开时代背景而存在，其创意作品必然带有特定时期的历史要素。

（1）受限于知识储备

只有对专业知识足够了解，才能深入思考，并在此基础上产生出对专业动向的深刻洞察和对专业边界拓展的清醒认知；只有对专业知识足够了解，才能发现现有产品设计的逻辑漏洞，并用专业知识去弥补这种不足。上述两种行为都可视为创新设计的重要组成部分。我们知道，创新的意义在于打破固有模式和僵化思维，在于站在一个高台上远眺，发现新的风景。而很多人经常忽略的，正是我们处心积虑要打破的对象——僵化模式和思维。给我们提供"站立"姿势的高台，才是我们的创新思维得以起飞的助力者。所以，在真正的创新之前，我们要做大量的文献研究，要"站在巨人的肩膀之上"，否则，很多人认为的"创新"也许并不是创新，而是在重走别人的道路。

（2）发展想象能力的要求

对于想象力的推崇是所有致力于创新的机构和人员首要的创新观点与创新立场。如果说知识储备是一汪池水的话，那么想象力就是一枚石子，当它以优雅的姿态划出一条美丽弧线投入水中的时候，一声"扑通"带来的，除了高扬的水花外，还有一圈圈漾开的涟漪，于是水面被激活。它调动了所有表达器官——听觉的、视觉乃至触觉，去勾勒一个"不平静"水面的样子。

人的思维是有惰性的，就像一个过于平静的水面一样，安于现状，没有任何涟漪，时间久了，成为一潭死水。其实打破一个平静水面的方法有很多，如联想、设问、移植、嫁接或者抱团协作，来一场头脑风暴，或者躬行践履，做一次田野调查。

实际上，在学科发展不断细分的今天，专业之间的壁垒很容易出现，如果固步自封，持续筑墙，创新就无法伸张。而想象力则具有独特的穿透力，它不受局限，没有负累，穿行于高墙壁垒之间，像自由的鸟儿一样。它在不同的事物之间建立联系，使相异的文化形态交融，从而发现彼此的意义，也为跨界搭建桥梁，催生出新的产品业态。

（3）改善创新环境的需要

这里的环境，一是指物理环境，二是指人文环境。

一个好的物理环境就像一个带有功能性的容器，它在给人提供某种边界的同时，也在散发信息，如果这些信息是积极的和具有引导性作用的，那么对于身处其中的人来说就能获得一定的动力。所以，物理环境的营造非常重要。如果我们注意观察就会发现，那些对于创新要求比较高的单位，无论是公司、社团，还是临时组建的创新小组，其所选择的工作空间都有着共同的特点：开放、明亮、自由、非标准化。这些空间无疑都在给创新者传递一个相类似的信息：轻松、优雅、灵活、像无拘无束的灵魂一样。

人文环境是非物质的，没有可触摸的边界，似乎不存在又时时存在，引导着人的思维，影响着人的情绪，规范着人的行为。它具有一种柔软的力量，足以改变我们的设计方向。当然，人文环境也有大小，一个公司的设计文化可以形成小气候，一个城市的独特性格可以形成中等气候，而一个国家和民族的策略则可以形成大气候。我们常言要做符合自己民族特色的设计，要"文化自信"，可见构建一个具有正向引导作用的人文环境是第一要务。

2.方式方法

（1）联结组合法

联结组合法是指将各种思维联结在一起并相互组合构成新的创意思维的方法。一个新想法是旧成分的新组合。很多创意就是将两件看起来毫不相关的东西组合在一起，产生出一个具有新意的概念。

组合的手段多种多样。如何将旧事物巧妙地组合，从而做出一种新的事物、一个新的概念，这是创意人员完成创意的关键。学到这个组合的概念的精髓会极大地推进人们的创意思维。一个新的想法总是旧成分的新组合，所以，最杰出的创意者总是专心于新的组合。

（2）鼓励创造个性

通常所说的"创造个性"，指的是包括在一般个性范围内，和一个人的创新性活动联系密切或相关性最显著的个性。

创造性是在创造性活动中逐渐形成和发展起来的。有计划、有组织地建立一些兴趣小组，如音乐、电影、游戏、户外活动等，有助于创造个性的培养。只有充分发展创造个性，才能利用创新思维进行艺术设计。

（3）自由联想法

自由联想是指在没有任何目标要求下的、根据外界的随机刺激而引发的联想形式，简单地说就是自由地想象。

心理学研究证明经常进行自由联想，能达到放松身心、让大脑得以休息的作用，同时也有助于思维敏捷，并使人更具有创造力。因为这种联想方式是我们积累联想素材的有效方式，是创新素质的基础训练，是有目的联想的基础。所以，它要求人们在日常生活中善于联想，这样可以有效地提高联想能力。

（4）开发右脑的形象思维能力

人脑的工作方法颇像一台录像机，把情景不清晰的图像储存在右脑中，而左脑负责观看右脑中描绘的图像，并将它转化成符号和语言。这意味着，左脑主要起到的是工具的作用，它负责把右脑的形象思维转化为抽象的语言、符号。

形象创意思维能力本质上是一种综合处理、分析头脑中关联性较弱的情报信息的能力。这些信息差距越大，将它们联系到一起就越有新奇的效果。人的大脑并不能创造信息,所说的创造力也就是对现有信息的重新加工。在这个过程中,如果右脑本身没有大量信息存储,创造力自然无从谈起。创造性思维中直觉、一闪之念等起关键的作用,而这要求右脑直观的、综合的、形象的思维技能发挥作用,并且左脑能够很好地配合。

(5)培养兴趣与磨炼意志

兴趣是以人的需要为基础,并促使个体为满足自己对客观事物的需要或实现自己的目标而积极地作出努力。当个体对某一客体产生兴趣时,表现出主动地去关注和感知这一客体,以求对其拥有深刻的理解和掌握。因此,兴趣有助于人们扩大知识面,丰富精神生活、提高活动能力。我们在培养学生的兴趣时,一方面要培养兴趣的广泛性,就创意思维而言,个人兴趣越广泛,知识越丰富,越容易在创造性上取得成就,另一方面也要保持兴趣的稳定性,有了稳定的兴趣,才能经过长期钻研获得系统而深刻的知识。同时,兴趣是人的生活实践和教育所形成的,并且受一定的社会历史条件所制约。

意志是人自觉地确定目标,并支配行动去克服困难,以实现预定目标的心理过程。在人们的实践活动中,凡是基于某种愿望或需要,确定一个奋斗目标,通过自我调节生理、心理活动,克服困难,努力实现预定目标的心理过程就是意志。目的的确立与实现过程中总会遇到各种困难,所以,战胜和克服困难的过程,也就是意志行动的过程。意志充沛的人,在遇到问题或挑战时不会仅限于已有的答案或刻板的结论,而是主动探索、思考,寻找不同的答案,并对不同新问题作出新解释。研究表明,胸无大志、懒于思考、意志薄弱的人,学习中缺少主动性、积极性的人,难以形成和发展创意思维能力。

三、现代广告创意思维

创意思维是广告活动中一个永恒的主题,是广告设计的灵魂和核心,能够将广告信息转化成极富创造性的表现形式。

(一)常见的广告创意思维类型

1. 形象思维与抽象思维

人类文明的发展从艺术的出现开始,形象思维一直伴随着我们。形象思维是一种本能的思维方式,从具体的图像或形象入手,通过思维活动加工、创作后再现艺术作品,最终达到意象层面。在这个过程中形象思维具有独特的规律。

与具体思维对比,抽象思维更强调概念、判断和推理等形式化的思维方式。抽象思维是通过大脑对外部感性材料的反复思考和加工,实现"去粗取精、去伪存真、由表及里、由此及彼"的再创造过程。

广告的目的是将抽象的营销概念形象化。事实上,"形象"在人们脑中的记忆速度更快,区分的能力也更强。具象图形不仅具有亲切可爱、通俗易懂的特点,而且很容易吸引公众的注意力,同时也会激发许多生动的联想;抽象思维较之形象思维更加体现感觉和意念,存在的不确定因素较多,不能迅速、简明地传递信息,并容易产生歧义,因而广告创作中较少运用抽象思维,形象思维占据重要的位置。

2. 顺向思维与逆向思维

从思维的常规性来看,创造性思维方式可分为以下两种:顺向思维和逆向思维。

顺向思维,即常规定式思维。在广告创意中采用顺向思维,就是按照常规定势,从小到大、从低到高、从前到后进行思考,自然顺畅,使人容易接受。虽然这种方法在处理常规性事务时具有一定的积极意义,但也应避免因这种思维形成的习惯定势而影响创造性思维的开发。

逆向思维,即逆着常规思路或信息的发展趋势,寻求创意的思维方式。在广告创意中,逆向思维往往能从反向中找到出奇制胜的新思路、新点子。历史上许多经典的广告创意都是通过逆向思维获得的。

3. 发散思维与聚合思维

发散思维又称扩散思维、辐射思维,这是一种由一点向外联想、发散思考的方法,即以思考对象为中心,从多个不同的角度探索思维结论。在广告创意中,这种思维方式充分运用想象,调动积淀在大脑中的素材,天马行空,通过重新排列组合产生新颖的创意。发散思维有利于思维的广阔性和开放性,有利于空间的扩展和时间的延伸。

聚合思维又称收敛思维、集中思维。与发散思维相反,这是一种由外及内、异中求同、集中归纳的思维方式，即围绕需要解决的问题，运用多种方法和手段，在众多的信息中找出最优方法。在广告创意中运用聚合思维有利于创意的深刻性、系统性和全面性，特别在选择创意和评估创意时具有重要意义。

（二）广告"头脑风暴"创意思维

头脑风暴式思维方法是现在广告公司进行创意时常用的一种方法。

1. 概念

在广告制作过程中，头脑风暴法指的是至少有两人参与，根据某一广告主题的要求共同思考创意。这种思维法通常能带来如泉水喷流般的灵感，但要想应用这种方法，不得不具备如下两条原则：任何创意均不得受他人干涉；所有想法都应记录在案，以备将来参考。这样做的目的是把所有的灵感都记录下来，这是一个"自由联想"的过程，应该给每一个新想法一个启迪旁人的机会。

为了使创意小组的创造性不受局限，许多广告公司为创意小组准备了特殊的房间，并采取特殊的措施，如切断电话线，以免创意人员被干扰而分心，安装摄像机或录音机，以便记录每一个人的发言，或者安装实物投影仪，使各种想法能够记录下来，并投放在墙壁上以供大家参考等。有些广告公司会专门在比较安静的酒店租下一个套间来安置创意小组，使创意人员能够全神贯注于创造之中。

2. 运用

（1）会议准备

①选择会议主持人。合适的会议主持人是本方法能否成功碰撞出创意灵感的关键所在。

②确定会议参加人员。就广告公司而言，头脑风暴会议的人数以5～11人为宜。与会人员的专业背景面要尽可能宽一些，应考虑全面多样的知识结构，最好邀请几位目标消费者参加会议，以便突破专业思考的约束。

③提前下达会议通知。在会议召开前把会议的通知下发给参会者，能够让参会人员预先对会议内容和会议讨论问题提前有所准备。要想进一步提升会议效果，应通过包括会议日期、地点和所要讨论问题及背景的书面请柬的形式通知与会者，如果再附加几个设想示例就会更理想。

（2）热身活动

在会议正式开始前进行几分钟的热身活动，其目的和作用与体育比赛一样，以便促使与会人员尽快进入"角色"。

热身活动需要的时间不多，并能根据内容灵活确定。至于其形式可自由运用，如看一段与广告商品主题相似的广告影片，讲一段广告经典案例，或出几道"脑筋急转弯"之类的题目请大家回答等。

（3）明确问题

明确问题的目的是参会人员对会议所要解决的相关问题，包括广告产品的背景、特征、使用特点、目标消费者的特征、同类商品的有关情况进行说明、分析，以使与会人员对广告创意的有关背景结论有一个明确的了解。这些内容由主持人介绍，介绍时主持人应注意掌握简明扼要和启发性原则。

（4）自由畅谈

自由畅谈的重点是全力营造一种高度激励的氛围，使参会人员可以突破各种思维障碍和心理约束，让思维自由驰骋，借助与会人员之间的相互碰撞提出大量有价值的构思。

（5）加工整理

在比较令人满意的创意构思诞生后，会议主持人应对大家一致认可的创意构思指定专人进行具体的创作，以便在较短的时间内拿出广告创意作品初稿来。

（三）广告创意中的"事实性思维"

事实性思维模式指的是在广告创意中，把创意的重点集中到与产品自身有关的真实特点上，在广告创新、创作过程中，这种方法是使用较多且比较容易上手的创意方法。

1. 从广告商品的间接因素寻找创意来源

此种方法在创意的实践中又可以根据具体的情况分为以下三种形式：

第一，以广告商品的历史为创意题材。有些商品本身并无特殊之处，但由于其历史悠久，或由于某位名人曾经使用过该商品，因此完全可以使用这些元素作为商品广告创意来源。

第二，以没有使用广告商品的后果为创意因素。这种方法属于典型的逆向思维，虽然有些人将这种方法看作消极营销，但事实上，这种创意思维的确造就了许多受人欢迎的广告作品。

第三，以广告将要刊出的媒介为创意点。如果能将商品的特点与媒介的特性有机地结合起来，利用媒介的特征进行独到而别致的创意，同样可以起到令人拍案叫绝的效果。

2. 从广告商品本身的直接因素寻求创意

此种方法在具体的创意实践中可以根据广告商品的名称、包装和制造方式分为三种创意来源。

首先是以广告商品的名称或商标为创意来源。世界上最伟大的广告创意多是以广告商品名称或商标为创意原点进行创作的。当商品的名称或商标作为广告创意的一部分时，其最大的优势就是突出品牌，因为广告创意直接使用品牌名称进行诉求与传播，自然会使品牌深入人心。

其次是以广告商品的包装为创意来源。许多商品本身在性质上并无多少与众不同之处，然而，其商品本身的形状、颜色抑或是包装，甚至是人们拿在手中或使用起来的感觉等与包装有关的元素，都可以通过广告创意的不断提炼加工，从而产生出在同类商品中出类拔萃的品牌效应。

最后是以广告商品的制造方式为创造来源。那些具备自律的眼睛和无忧无虑的心灵的艺术家常常能够发掘出那些深藏在商品背后的故事。如果找到了这些故事，它们又能令人激动，那么兴奋情绪一定能够感染读者。

第二节 现代广告创意的表现形式

广告传播必须通过具体的广告作品与目标消费者建立有效的沟通，以传递广告信息。广告的重点在于如何将特定的创意概念转化为适合在不同媒体传播的信息形态，同时确保受众认可和接受它们。广告创意的最终表现形式还是广告作品，而无论是平面广告还是影视广告作品，都是通过视觉形象来传递商品的信息和品牌风格。而不同的视觉形式所表现和传递的信息，意义也相应有所不同。

一、基于广告表现的理论研究

(一) 广告表现的内涵

广告表现指的是在广告创意的限制下,以形象化、易于理解的方式,利用各种符号和组合来展示有关商品、劳务和企业的信息,以影响消费者的购买决策。

广告的重要任务是通过视觉和听觉元素,营造出广告创意所需的情境和内容,以达到表现性和感染力的目的。在现代广告运作中,广告表现是至关重要的一环。它直接决定广告作品的形态,并且对广告效能的发挥程度具有决定性的影响。

在现代广告运作中,广告表现不仅仅与广告的制作有关,因为单纯地制作广告无法传递广告表现应有的内涵,也不能仅仅是广告创意策略的简单呈现。相反,广告表现指的是在营销创意方案指引的前提下,运用具有特定优势的媒介传达方式进行创作活动,以实现创意使命的图像化和有形体现,其具有以下几个方面的含义:

第一,广告表现是广告创意的物化和视觉化的形式。广告创意虽然仍处在概念阶段,但广告表现是将概念真正变成可感、可知的作品形态。广告表现是将广告信息传达给消费者的工具,既是广告客户与消费者之间的互动平台,也是实现广告主与消费者沟通的关键环节和连接纽带。广大消费者通过某些广告作品,了解广告主题,感知广告创意。如果这些广告作品没有足够的感染力和吸引力,缺乏创意和趣味,就无法吸引到目标受众。可以观察到,广告的创意和表现是密不可分的。

第二,广告表现既是广告创意的延伸,又是广告创新的再凸显。作为市场营销及广告总体策划的重要构成部分,广告表现必须符合广告的整体策略和创意要求,以此为基础进行广告设计和制作。在遵循广告目标、广告设计和制作特殊规律的前提下,通过对广告创意的再创造来吸引和影响消费者。

第三,广告呈现具备强烈的传播和营销意图和目标。广告作品不同于纯粹的艺术品,其创作必须紧密结合广告的目标和效果。广告作品包含的艺术元素都是为了更有效地呈现商品信息,在感性上引发消费者的共鸣,进而激发他们的购买欲望与行为。因此,广告创作不是完全孤立的,需要平衡好广告的美感表现与广告的宣传目标。

（二）现代媒体与广告表现

广告媒体是指传递广告信息的载体，即在广告者与其宣传对象之间起媒介作用的多形态的物质体。它是沟通广告者及其宣传对象之间的桥梁，广告的信息无法脱离广告媒介而单独存在。广告媒体亦是广告主与广告目标对象之间的媒介，是运载广告信息抵达广告目标的工具。

广告媒体的范围是随着人类社会的发展和科学技术的进步而不断扩大的，所以，广告媒体是动态的，并永远处于变化中。目前，广告媒体有数百种，常用的如电视、广播、电子显示屏、电动广告牌、电话、报纸、杂志、电话簿、画册、样本、橱窗、路牌、霓虹灯、招贴、交通工具、旗帜、气球、飞机、飞艇、模型、购物袋、礼品等。

正因为广告媒体的种类繁多，所以从不同的角度可划分为不同的类型。从其涵盖面可分为国际媒体、全国媒体和区域媒体，从媒体的受众面分为大众媒体、中众媒体和小众媒体，从其时效划分为长效媒体和短效媒体，从其感受划分为视觉媒体、听觉媒体和视听媒体，从其技术形态可分为印刷媒体、电子媒体、声学媒体和光学媒体，从传播内容可分为综合性媒体和单一性媒体等。当然，常用的分类方法是按其传播途径来划分，可分为印刷媒体、电子媒体、户外媒体、直邮媒体、现场销售媒体等。

1. 报纸广告

媒体自身、广告主以及广告公司是构成广告场中媒介选择行为的三方，报纸的广告价值也正是通过这三方各自的需求来体现的。

在全球的广告产业中，报纸之所以能够成为"现代四大媒体广告之首"，是由其自身的独特优势决定的。首先，报纸的版面大，篇幅多，可登全页整版广告，且可造成相当大的声势。其次，报纸与人们的生活关系密切，一般公开发行的报纸都不同程度地渗透到了社会生活的各个领域、各个行业，因此，具有覆盖面广、发行量大、读者广泛、销售稳定的优势。同时，报纸一般是当日发行，具有很强的时效性，因此，在传播速度上占据了优势地位，能够及时地反映社会新闻。并且报纸广告制作简单，形式灵活，费用低廉，对于大多数小广告主来说是很实惠的选择，报纸的编排、制作和截稿时间比较灵活，所以，报纸广告的改稿、换稿和投稿都比较方便。再次，报纸广告具有特殊的新闻性，将新闻与广告混排可增加广告的阅读率。最后，报纸的选择性强，既可大规模集中发布，也可周期性均衡发布，既可发布单则广告，也可发布系列广告，同时也可选择不同种类的报纸。

2. 杂志广告

杂志是一种定期出刊的专业性或专题性多页出版物，俗称为"期刊"或"刊物"。杂志不像报纸那样以综合性新闻为主，而是分门别类，每一类都有比较特定的读者层，因而是做各种专业商品广告的良好媒体，有利于创造目标市场。其独有的特性，使它获得了"广告媒体中的贵族"之称。

杂志广告的主要优势包括以下几点：一是杂志一般具有一定专业范围和特定的读者群体，因此，对象非常明确，具有针对性。二是杂志相对于报纸而言，其内容有较强的知识性和趣味性，可供读者在较长时间内反复阅读并传阅，增加读者人数，使杂志广告媒体的覆盖率不断扩大。同时，杂志装订成册，便于保存。因此，它的广告效力更具持续性和稳定性。三是印刷精美，有艺术性，杂志用纸质量高，印刷设备优良，因而广告制作水平和印刷质量也远远高于报纸。封面、封底、插页都采取彩色胶印，无论原作是彩色照片还是绘画作品，都可以充分体现原作效果，给人以精美的艺术作品和高标准的质感，其产生的强烈的视觉刺激使读者感到真实可信，因而印象深刻。

3. 广播广告

广播媒体是一种声音媒体，是传播广告信息速度最快的媒体之一，是广告设计者及企业经常选用的一种传播媒体。它通过无线电系统，把广告信息变成各种声音传送给听众。

广播广告的特征主要体现在以下几方面：首先，广播广告是通过电波传播信息，而电波传播的速度是很快的。广播广告是时间效益较好的媒体形式，特别是对于讲究时间效用的产品来说尤为明显。其次，广播广告的制作非常灵活、机动，它可长可短，长达半小时的广播剧，短到一句话。广播广告的形式也不拘一格，十分灵活。再次，广播广告的覆盖面大，活动空间非常广，电波所至的范围几乎无所不及。最后，广播广告同其他媒体广告相比，信息容量大，收费标准较低，是一种经济实惠的媒体广告。

4. 电视广告

电视媒体充分利用语言、文字、音效和画面等表现手法，集时间、空间和综合艺术于一身，声形兼备，视听结合，具有极强的感染力，因而备受广告客户的青睐。

电视广告的特征包括以下方面：一是覆盖率高，宣传面广。目前，从人口的绝对数来看，中国已成为电视观众最多的国家，如此高的覆盖率为广告的宣传提供了广阔而深入的发展空间，这是一般视觉媒体望尘莫及的。二是视听兼备，效果独特。电视广告通过画面和声音直接作用于人的视觉和听觉，具有极强的现场感，从而产生强烈的艺术效果，其表现手段的多样性和灵活性使这种效果更为独特。三是电视广告是对一切广告手段的综合运用。四是威望较高，影响大。电视台在人群中享有较高的声誉，通过电视广告宣传产品，可以得到观众的认可和信任。

5. 新媒体广告

媒体与广告是互为依存的关系，好的内容可以为媒体带来高广告收入，而收入的提高又可以带动好的节目、栏目不断涌现，从而确保广告播出的效果。现代商业社会，广告铺天盖地，广告的载体也是日新月异。

新媒体是一种个性化的分众媒体，与传统的广播式媒体不同。它通过窄播的方式传播信息，并且注重信息发送者和接收者之间的互动。同时，新媒体采用多媒体的形式，具有跨越国界的全球化特点。

以新媒体为传播载体的广告叫新媒体广告。新媒体广告在国际上更通行的叫法是互动广告（interactive advertising）。互动广告的定义范围包括所有形式的网络广告、无线广告和交互电视广告。这些广告形式具有覆盖范围广泛、信息量大、全方位感官轰炸、信息传播迅速、广告投放准确的特点。

（三）影响广告表现的主要因素

1. 广告主及广告商品因素

广告主和广告商品信息作为广告传播的重要信息来源，在很大程度上制约着广告表现。广告主所处的状况以及广告商品的特性，对广告表现影响极大。广告的成功取决于企业和产品本身具备良好的表现条件，利用各种表现手段达到最佳效果。广告内容的重要性胜过表现手法，这是大卫·奥格威曾经说过的。如果企业不努力提升产品或服务质量，在自身建设方面缺乏关注，那么它们很难创作出极具吸引力的广告内容。试图使用欺骗性广告手段来欺骗消费者，长期来看很难取得成功。

企业的生产经营状况，包括广告商品的品质、消费者对企业印象等方面。渠道畅通程度、分销系统的完备性及正常的运行状态。如何评价企业文化建设的成果，另外，企业的经营理念和形象现状如何，广告商品具有独特的特点，它不仅密切地融入我们的日常生活、满足我们的需求，还在市场中扮演着重要角色，影响着消费者的购买决策，对生产厂家和商家的竞争力产生深刻影响，并对社会的发展和进步产生积极作用。这个物品是面向高端市场还是普通市场，在人们的日常生活中有什么独特的用途和价值等。

2. 消费者因素

广告的表现思维和创意思维有所区别。广告表现思维不是关注商品特点和营销策略，而是以媒介特征和观众心理为核心，利用多种形式的手段来展示广告创意的内容。广告表现受消费者的消费心理和消费特性等因素的影响较大。每个企业和产品都有其独特的消费群体，因此，广告传播需要较强的针对性，直接针对目标消费群体传递信息。考虑到广告表现的相关性，我们需要把目标消费者的性别、年龄、职业、受教育程度、家庭状况、经济收入等基本情况，以及由此产生的价值观念、社会态度、消费方式、购买行为、鉴赏水平和兴趣等一系列因素纳入考虑范围。因此，要想达到理想的传播效果，就必须深入把握目标消费者的特性，把握其趣味的转变趋势，从而顺应和引导消费者的心理。如果一味凭自己的认识盲目追求创作感觉，其结果只能是孤芳自赏，很难得到消费者的认同。

3. 时代、文化因素

广告是时代和社会的一面镜子，是社会发展潮流的重要风向标。广告内容真实地记录和再现了各个时代的社会、经济、文化等实际状况，同时广告所传递的信息内容要为目标受众所认同和接受，这就要求广告表现顺应社会发展潮流，符合人们的思想认识。因此，广告表现需要考虑当前社会的状况、时代特征、价值观走向、社会道德标准、流行趋势等方面。由于广告的呈现受到区域、族群文化对于颜色的认知、语言表达方式和含义的影响，因此呈现方式也会不同。

二、现代广告创意的内容与技术表现

广告创意的表现形式可分为内容表现和技术表现两大类。下面就这两类表现进行细致分析。

（一）内容表现

广告创意不是凭空捏造和单纯地幻想，而是建立在一定依据和真实内容的基础上的。创意就是要把这些具体的内容用一种更好的形式表达出来，这种形式就是我们常说的设计元素或创意元素，具体包括构成、文案、图形、色彩四个内容。

1. 构成

构成是广告创意的基本组织形式，即在已经确定的版面空间里，将设计好的各个要素进行合理的安排。构成是对版面的科学规划，是在经营位置，而不是简单地将设计要素堆积在一起。构成要讲究艺术性，只有艺术的形式才能吸引受众的关注。

构成不是整个创意过程中单独的一环，而是和其他元素同步进行的。当我们考虑图形创意时，我们已经考虑用什么形式的图形、用多少、放在什么位置、大小怎么处理等；当我们考虑文案创意时，我们也在想用什么字体、多大字号、什么位置、比例关系等；当我们考虑色彩含义时，也会考虑色彩的多寡、色彩的位置、色彩的比例等。这些都是在对创意进行构成思考。

构成不是独立的，而是和图形、色彩、文案一起构成了广告创意中的四大元素之一，没有构成就无从谈起设计。

构成有其基本原则：艺术性原则，构成要有一定的艺术美感；特色性原则，构成要有自己的特色、不落俗套；明确性原则，构成要主次分明、先后有序；准确性原则，构成要确保信息的准确、完整。

2. 文案

文案是广告创意中最能直接反映信息的基本要素，由于信息相对复杂，单纯依靠图形、色彩有时无法将信息全面传播出去，只有文案才能详细、快速、准确地将信息传递给受众。文案的具体内容包括广告标题、广告正文、广告附文。

3. 图形

在广告宣传中，图形是进行信息传播的重要组成部分，是没有国界的语言，也是没有层次区分的语言。好的图形不仅能让不同国家的人看得懂，而且也能让各种文化层次的人心领神会。图形的表现手法有很多，其中常用的就是摄影（或摄像）和手绘的手法。

摄影是通过摄影器材来获取图形的办法，如照相机、摄像机等，数码相机的出现给广告创意获得图形提供了更为快捷的渠道。通过摄影获得的图形不仅图像质量高，形象更逼真，而且为我们的创意活动提供了更为广阔的空间，使一些在现实中无法达成的图形效果在此可以实现，更加符合我们的创意要求。

手绘图形是使用较早的一种方法，通常也称作"插图"。早在摄影技术发明以前，所有的广告设计还是以手绘为主，手绘更能体现出设计的风格，在某种情况下，虽不如摄影效果表现细腻，但手绘强大的塑造形象的能力和表现的随意性是摄影无法比拟的。加上材料的运用、表现技巧的发挥，手绘图形更能突显艺术气息，增添创意灵性。

无论是摄影还是手绘，都只是获得图形的方法而已，实施这些方法的过程就是一种创意的过程。同时，随着广告手段的不断发展，这种方法已不再孤立地使用，而是组合使用，两者之间扬长避短、优势互补，各自发挥着自己的表现特色，加上现代高科技的渗透，这种图形无疑会给良好创意的表达提供更为可靠的保证。

4. 色彩

色彩是有生命的，与人的情绪波动有着密切的关系。色彩包含着丰富的信息内容，具有强烈的感情因素。色彩的使用受多种因素的制约，由于色彩本身所包容的信息量不是单一的，因此人们往往因为习惯的影响、文化的差别等因素而对同一种色彩有不同的理解。

把色彩作为创意的元素，在突显特色的同时，也要尽可能地满足人们视觉习惯的要求和不同群体对色彩的理解，只有做到了这一点，才能使色彩更好地为我们的创意服务。

（二）技术表现

广告创意最终呈现在受众的面前是通过一定的技术实现的。技术包括以下两大内容：一是设计技术，二是传播技术。

1. 设计技术

从传统的手工技术发展到现代的高科技技术，计算机强大的运算能力和各种设计类软件不断地推陈出新。通过计算机，设计师的奇思妙想得以实现，广告设计和创意表现更加丰富多彩，更具艺术品质。

除了计算机以外，还有数码相机、电子分色机、扫描仪等输入设备是设计中获得图像的基础设备，打印机、数码打样机等输出设备是获得样品或小样的基础设备。

同时，计算机软件是我们实施设计必不可少的技术支持。常用的设计类应用软件有：Photoshop（图像处理软件），对图像的修改、处理等具有强大的编辑功能；Illustrator（插图软件）、Freehand（图像软件）、CorelDRAW（绘图软件），这三种软件在绘制矢量图形方面具有较强的功能，同时还具有简单的图像处理功能和较强的文字排版功能；PageMaker（排版软件）对于纯文字和多文字的文件具有强大的编辑功能；3ds Max（三维动画软件），处理三维造型和三维场景功能强大，此外还有许多其他的设计类软件以及今后还会开发的新软件。

2. 传播技术

广告创意应根据不同媒体的特点有不同的表现形式，近年来，越来越多的新型媒体不断涌现，也引导着创意风格的千变万化。媒体是相对固定的，而创意是灵活的，创意可以根据媒体的具体要求而作出相应的调整。媒体有时会制约创意的发挥，但有时某些媒体的独特性也会增加创意的深度，此时，媒体已不是孤立的媒体，而是创意中的基本元素。

三、现代广告创意表现形式的发展

（一）表现形式多元化

伴随中国经济的全方位发展和不断优化，社会逐渐朝着商业化方向推进。对于企业的经营来说，广告不再只是简单地宣传推广，而是成为提高企业品牌影响力的重要手段，用以激发消费者的购买欲望。因此，随着企业整体服务水平的提高，广告也会不断完善。同时，广告作为信息的传播渠道，亦展现出了娱乐和艺术的特质。

除传达企业和商品的基本信息功能之外，广告创意的设计质量也是一个不可忽略的价值所在。伴随时间的推移，数码插画和数码印刷创作在艺术交流中的运用越来越广泛。

在网页设计中，绘画是至关重要的视觉元素。互联网媒体的主要设计要求将聚焦在体现人性、促进互动、增强智能、提供娱乐和打造虚拟现实体验方面。目前，Flash 动画在音乐领域中广泛应用于动画设计、MTV 制作和广告标题创作。这种形式创造出许多创意音乐 MTV，成为时尚的代表。Flash 动画在网络上因其出色的性能表现备受关注。它能够以高效的方式运行动画，具有出色的在线交流能力和易于操作性，同时能够提供强大的互动性，因此，备受人们青睐，并不断得到优化和发展。这证明这种形式已在大众中广泛接受和应用。

（二）表现形式信息化

广告可以被视为市场的引擎，但并非总是如此，因为它仅在提供有价值的信息时才能发挥作用。因此，要想让广告真正有效，我们需要建立一个巨大的信息库，以尽可能真实地记录商品信息，并确保良好的反馈机制。

（三）表现形式简单化

随着时间的推移和人们生活水平的提升，广告设计更加青睐简洁、易懂，以应对信息时代的发展需求。广告需要简洁、精悍，利用视觉语言激发人们的想象力，这样才能有令人印象深刻的效果。随着图片信息的增多，它所传达的感受将变得更广泛、普遍。因此，广告图片信息范围越大，消费者对其的注意力就越少。消费者更容易关注那些简单、明了的图片。因此，在广告设计中，我们需要追求简单化的广告信息，将信息处理成简单的象征形式，并尝试将文本信息转化为简单的符号图像，以此来增强视觉效果，并引起人们情感上的起伏，而不仅仅是提供冗长的心理描写。

（四）表达形式绿色化

在信息时代的广告设计中，绿色设计成为了典型的特征，这种设计大多能较好地传递广告信息。绿色元素的添加在广告设计中涉及空间概念，其目的是通过触动人们的内心，让人们联想到舒适，从而令设计满足人们需求的同时，带来身心愉悦。因此，绿色化更加关注人性化，强调人类精神的体现，更符合消费者的需求。它能够更有效地满足消费者的需求，并且激发消费者的购买行为。

四、现代网络广告创意表现形式

自传统媒体发现网络的价值以来，网络就一直被称为"第四媒体"。网络广告的基本特征是互动性，它的重点在于传递互动信息，广告的关键在于根据用户需求提供有用的信息。新媒体技术的发展促进了网络广告的兴起，它是通过特定的媒介传递到目标受众群体中的。新媒体广告在移动互联网技术的基础上具备了独特的技术优势，同时，其广告创意平台的强大也成为传媒产业和网络经济结合的最佳桥梁。

最初的网络广告是嵌在网页中的。随着商业网站不断增加，如何让消费者认识、了解自己的网站变成了一大难题。广告需要一种方法来吸引用户访问自己的网站，而网络媒体也需要凭借这种方法来实现盈利。以下列举了现代网络广告创意的几种常见表现形式：

一是网络横幅广告。网络广告横幅是一种以 GIF、JPG 等格式创建的图像文件，可以被定位在网页上，主要用于展示广告内容。此外，可以通过 Java 语言实现交互效果，或使用插件工具，如 Shock wave（冲击波叠加效果）来增强其视觉呈现效果。网络广告可以被归类为静态广告、动态广告和互动广告。

二是电子邮件营销。电子邮件广告有精准定向、经济实惠的优势，并且没有广告内容的限制。其特别之处在于高度的个性化定制，它可精准地向某个人发送特定广告，这是其他网络广告方式所不具备的。

三是广告形式为文本链。网络广告形式中，文本链接广告不仅不会干扰浏览者，还能够起到非常有效的作用。网络广告一直在寻求新的宽带广告形式，然而有时候，最简单的广告形式反而能够最有效地实现广告目标。

四是弹窗广告。另外一种描述称之为"插播广告"或"弹出广告"。当用户访问某个网页时，可能会出现一个窗口自动弹出，这个窗口的大小通常是正常网页大小的 1/4 或更小。其中会展示广告图片和标语，还可能包含动画和声音，使用跳动的图标和文字吸引你点击。弹窗广告和电视广告相似之处在于它们会打断正常的内容播放，强制观众观看广告。广告插播的形式有很多，包括全屏和小窗口等不同尺寸，而且针对不同程度的互动形式，它们既有静态的，也有动态的。虽然浏览者可以通过关闭窗口来避免观看广告，但这些广告出现时并没有任何警示。这种广告形式深受广告主青睐，因为它们能保证被浏览者看到。只要网络宽带充足，广告主就可以采用全屏动画插播式广告。这样就可以让广告主的信息在屏幕上独立突出，没有其他的内容与之争夺消费者的注意力。在视频或页面中插入广告可能会使浏览者感到不快。

五是软文广告。许多综合性网站和门户网站都有许多专栏，这些专栏提供了各种各样的内容和活动，如新闻、娱乐和论坛等。广告主经常在网上结合某一特定专栏发布广告，这类广告很大一部分是赞助式广告（sponsor ships）。这种广告主要有三种形式，即内容赞助、节目赞助和节日赞助。广告主可以根据自己的兴趣或所需，选择适合自己的专栏或节目主题进行赞助，在这种赞助形式下，广告的呈现方式也是多种多样的。

六是在线互动游戏广告。这是利用网络进行广告的创新形式，经过策划，嵌在网页的互动游戏中。游戏页面在开始、进行中和结束时都可以展示广告。广告主可以定制一个与产品相关的互动游戏广告。

七是网络视频广告。网络视频广告给广告商提供了更为丰富的创意表现空间，它可对其受众做更准确的定位（如地域、时间、兴趣等）。由于它采用的是交互的手段，因此可以让广告主吸引目标受众参与、交流，达到行为的终极目标，甚至可以由用户点击、选择自己所喜欢的广告。网络视频广告更易于通过网络传播，容易在短时间内形成免费的规模化口碑推广。

第三节　现代广告创意的表现规律

任何一个广告创意的背后都有它非常独到的策略，对于策略的掌握及如何用创作语言表现出来是广告活动中"最灵魂的一点"。但创意不能单纯追求与众不同,更应追求效益。广告活动毕竟是商业活动,若不能为企业带来效益,广告也就失去了其存在的意义。

一、广告创意表现的本质与特性

(一)广告创意表现的本质

1. 广告创意的信息本质

广告创意不可忽视的本质就是它的信息属性,即创意是使广告信息得到更好的传达,使广告对诉求对象起到更好作用的手段。好的创意必然在明确的信息策略的指导下产生。不能有效传达信息的创意,即便表现得再奇特,也很难成为真正的好创意。因此,在广告创意这个环节中,广告信息的诉求策略和表现策略应该得到足够的重视。

2. 广告创意的驱动力是创造力

创造力是一种创造性思考能力,包含了两种特质。特质之一为流畅性,是指一个人在面对问题或状况时,给出方案或反应的数量和速度。反应速度越快,解决方案越多,其思考能力便越显流畅性。特质之二为思考弹性,反映的是人们在面对问题或状况时,给出的方案或反应所具有的融合性。正因为创造力具有这样两个特质,因此,培养一个人的创造力,一方面要训练其反映问题的速度,鼓励其给出更多的解决方案,另一方面还要增强其解决方案跨越范畴的能力。就好像工厂生产产品一样,既要强调产量和速度,又要重视质量。

3. 广告创意是市场营销活动的促销因子

广告的作用就是捕捉大众的眼睛和耳朵,在这个基础上才有可能导致购买行动。而广告创意就是千方百计地吸引消费者的注意力,使其关注广告内容,只有这样才会在消费者心中留下印象,从而发挥广告的作用。因此,运用各种手段去吸引尽可能多的消费者,引导其进一步的购买行为,是广告创意的一个重要目标。

4. 广告创意的核心是提出"理由"

广告创意中最需要的就是承诺。在广告创意中,真正吸引消费者的首先是真诚的承诺，其次才是精彩的表现形式和手法。事实上，很多广告创意之所以精彩，是因为它们给消费者提供了精彩的承诺。

5. 广告创意的关键是能与公众进行有效沟通

通常，一般化、简单化的构思也能够表现广告主题，但即便主题明确，也不能说是创意。因为创意是一种创造性的思维活动，应构思巧妙，出奇制胜。而创意的这种新奇应以公众的心理为依据，以公众的心理需求为准则，从而实现与公众的有效沟通，获得良好的宣传效果。

6. 广告创意要以形象化为表现

广告创意应该以真实的事实为基础，并聚焦于主题思想和广告语，从外在形象、内心感受以及相关联想中提取素材。创作应该采用形象生动的语言，比如，诗歌和音乐，配以具有感染力的图画和摄影，从而构成一个完美无缺的广告作品。

（二）广告创意表现的特性

广告创意既然是一种创造性思维，就具有创造性思维的一般特征，如求异性、创新性，以及逻辑思维与非逻辑思维的结合等。除此之外，广告创意是指运用于广告上的创造力的体现，是与广告本身的内在特征相结合的一种表现力，所以，还具有自身的特点。

1. 独创性

广告创意的本质属性在于其独特性。就其本质而言，广告创意是一种具有创造性思维的表现形式。广告创意需要跳出常规思维，敢于尝试新颖、独特的创意，寻求突破，勇于挑战自我和行业的创新边界。广告创意在思路的选择上或是在思考的技巧上，必须具有独到之处，在前人的基础上有新的见解、新的发现、新的发明与新的突破，具有一定范围内的首创性与开拓性。只有创意独特、与众不同，才能在众多广告中脱颖而出，引起共鸣并产生深远的影响。广告创意的独特性对心理撞击的效果较为显著，与众不同的新奇表现形式能够吸引人们的视线，鲜明的吸引力可激发人们的浓厚兴趣，更容易在观众心中留下深刻的形象记忆。

2. 关联性

虽然创意贵在创新，但这种创新在广告里并不是指天马行空的随意想象，必须与广告中的各种因素保持相对稳定的联系。这就是广告创意的相关性。关联性是指广告素材必须与广告主、广告产品相关联,需符合目标消费者需求,同时也必须对促进销售有所助益。将抽象概念转换成视听符号的创意表达方式会更加直观,但也易引发多种解读的可能性。为了确保言简意赅,创意要满足相关性要求。广告创意的关键是发现产品的特点和消费者需求之间的契合点。

3. 艺术性

一个好的广告创意如果暂时撇开它的终极目的——促使人们产生购买行为,而仅从艺术效果看,通常具有以下三个特征:从发生学意义来看,表现为极其丰富的想象力;从外在属性来看,表现为强烈的视觉(听觉)刺激,进而提高人的注意力;从内在物质来看,表现为让人为之心动的力量。

4. 抽象性

广告创意是一种从无到有的精神活动,具有高度的抽象性。换句话说,这是逐步转换为有条理、有具体形象的思维方式。在广告展现之前,广告创意其实只是一种无形、模糊的隐含思想,是一种感觉或概念的表达。即使在文案和设计阶段,经过符号的转换,广告创意也只是一种形象或思维意象,并不能直接阐明其内涵。因此,只有通过分析与评估,才能真正领会广告创意这种抽象的概念。

5. 原则性

尽管广告创意也是一种艺术表现形式,具有艺术创作的各种特征,但不同于纯粹的艺术,广告创意需要受到一定的限制和平衡因素的制约。对于广告来说,无论多么精妙的创意,如果它与功利目的相去甚远,就不能说是一个好的创意。广告活动的创意并非终极目标,而是一种工具,能够引导消费者接触新产品或企业。一些原则深刻地影响着广告创意的思路与具体实践,比如说目标原则、关注原则、简洁原则、合规原则与情感原则等。

二、现代广告创意表现的程序规律

(一)创意潜伏期

第一,平时素材的积累。素材就是与创意的产品或者服务没有直接关系而在平时累积的材料。素材可分为书本素材与生活素材两类。书本素材包括从书本上学来的知识，除了许多理论知识外，还有如唐诗、宋词、元曲、童话、神话、历史、俚语、方言、谚语、小品和笑话等方面的知识。生活素材就是我们在日常社会生活和个人生活中获得的各种知识，如往日的故事、童年的歌谣、青春的梦想……学习、工作、购物、游历中的尴尬、误会、惊喜……社会交往中的邂逅、失约、重逢、喜怒哀乐等。

第二，创造性思维的训练。创造性的思维方式能使平凡的生活元素成为创意闪光的要素，创造性思维不是对天赋的依赖，而是来自后天的思维训练。创意人员平时要有意识地进行创造性的思维训练，除了横向思维、纵向思维外，还要主动训练自己的逆向思维、跳跃性思维、换位式思维、交互式思维等。

（二）创意导入期

为了得出一个优秀的创意，广告创意人员应该做许多"功课"，特别是对品牌、市场、产品、目标消费者等直接题材进行了解、收集和感受等。

第一，寻找直接题材。创意人员可以走访企业，对产品或服务本身进行透彻研究，了解研发人员的研发思路、名称的由来、研发的过程、技术特征、为什么要研发这个性能等。创意人员可以走访消费者，弄清楚是谁在使用、怎么使用、为什么使用、使用环境、使用的方法、使用的过程、消费者满意的地方与不满意的地方、为什么满意或不满意等，记住消费者的表达用语与表情。创意人员可以从市场信息、竞争者的用户、竞争对手发布的广告等信息中挖掘它们的策略、竞争力和弱点等。创意人员可以拜访经销商、销售代表、商场营业员等，获取他们对行业、同类产品与替代性产品的看法与建议等。此外，他们也可以了解消费者在购买过程中的行为和心理特征，以此作为创意设计的参考。

第二，接受直接题材。创意人员除对客户部门提供的创意简报进行认真的研讨外，还应该对市场部门提供的市场数据进行深入的研究，如行业动态、行业特征、市场调查数据等，这些数字虽然较枯燥，但有助于创意人员对市场的宏观认识和把握。因此，创意人员要勤于收集，勤于阅读，勤于整理。

（三）创意初成期

创意的初成期，即创意的形成初期，具体来说，就是在收集、总结的基础上进行交流和思考。这个时期有一个显著的特点，就是各种素材和思想进行着激烈的交锋或碰撞，也可以说是信息与思维的碰撞。

（四）创意成熟期

创意在信息与思维碰撞的基础上有了基本的思路、初步的胚胎，还需要进行进一步的挖掘、发挥、修正、打磨和论证，包括进行创意的测试。创意的成熟大致会从以下两个方面进行完善：一是对初步创意的策略性研究，以使创意的方向更准确；二是对初步创意的表现力，比如，在冲击力、形象性、通俗性、关联性等方面进行更进一步的强化。

总而言之，广告创意的程序主要包括以下几个过程：研究广告的产品和市场情况，拟订广告文案，孕育构想意念，把握灵感闪现，不畏反复挫折，验证修改调整。成功的广告创意必须有效地把握住这些程序，只有这样才能使其成为真正成功的广告创意。

三、现代广告创意表现的思维规律

（一）模仿型的思维规律

模仿是人类原始的创新方式，是古老、富有活力的设计思维，也是创意被滋养的源泉。模仿型设计的起源可以追溯到人类对自然的模仿，人类原先使用天然工具，当不能满足生产需求时，开始发明人造工具。原始人从大自然中汲取灵感，模拟自然物体（如锋利的兽爪、牙齿、尖锐的蚌壳等），制造了人工工具。

人类通过探索和利用自然资源，不断塑造自身，尤其是发达的智力和自由的手，进一步提升了对自然的改造和利用水平，在这个过程中运用了类似于人手的机械原理。这个例子生动地展示了模仿式设计思想的持久影响。随着科技的发展，我们能够越来越精准地模拟各种对象和系统，甚至包括模仿人类大脑智能的计算机和机器人。在这个过程中，我们仍在秉持着模仿的设计理念。

模仿式设计与自然主义描绘并不同，它具备创造性思维中"归纳推广"的要素，是创造性的基础形式。它不可能是自然物的重复和仿造，而是在模仿之中加入了创造因素。模仿型设计思想是人类创造性行为的开端和基础。广告设计的学习也可以从模仿设计开始，就好像学习写作需要阅读很多优秀的范文一样。临摹作品和分析优秀作品的创作思路是必不可少的。

（二）继承型的思维规律

继承虽带有模仿的色彩，但它是建立在前人创造的基础上，同时还包含了批判性的元素。

例如，在我国的近代服装史上，改良版旗袍一直备受欢迎。旗袍最初是满族女性穿着的衣服，是一种直身、宽袍子。在20世纪20年代之后，女装得到了简化和改良，变得更轻便、更贴身。这种风格流行于不同社会阶层的女性人群中，从普通百姓到高级社交场合都受到欢迎。在20世纪三四十年代，这种女装风格与欧化时尚同样备受追捧。在中华人民共和国成立后，人们开始推崇简朴的美学，欧式时装在短时间内遭到贬低。然而，旗袍保持了其独特地位，成为具备极高魅力和民族特色的出国女装款式。在20世纪20年代至80年代，我国经历了许多变革，但改良版旗袍成功地将民族特色、时代气息和女性美有机地融合在服装设计中，其独特性备受认可，也被广泛地接受。

再如，中国民间吉祥用语和民间吉祥图画的寓意也值得广告设计人员学习、继承和运用，这些民族文化符号是创意形象的独特标志，具有独特的文化属性，古朴与现代之间形成了明显的对比，具有独特性和创新性。艺术家则热衷于挖掘民众的珍贵文化遗产。在广告中融入民族特色并将其发扬光大可以形成独特的风格，深受受众喜爱，从而达到良好的宣传效果。要注意的是，继承型设计思想并不等同于"复古主义"。后者显然是保守、向古代倾斜的意思。继承型设计思想注重批判性思维，反对机械模仿过时的设计，强调创新出符合新时代和本土特色的优秀设计作品。

（三）反叛型的思维规律

非传统的设计思路通常被称为反叛型设计思想，它们的方向与传统完全不同，并呈现出明显的反传统特征。反叛型设计思想具有认知上的颠覆和突破，并具有独特的创新性。在众多传统设计的海洋中，若有一种与众不同的新设计出现，必然会显得独具匠心，令人眼前一亮。法国大革命的爆发导致了服装款式的急剧变化。此前，贵族阶层所穿的富丽堂皇、夸张豪华的服饰，在革命爆发后几乎一夜之间被平民百姓唾弃。随着时代的变迁，被简朴的服装取而代之，符合注重自由与平等的平民社会的审美要求，以及体现自然朴素之美的价值观。从继承到改良，可以看作是一种缓慢的演化，而反叛则是一种突然的革命。在 1923 年的包豪斯作品展览会上，备受瞩目的展品之一是一座示范住宅，它完全采用了包豪斯的设计风格建造而成。室内厨房改变了传统的布局形式，在不需要另设操作室的情况下，改为将工作台沿着墙边布置成柜台式，上下还设置了储藏柜，提高了工作效率。现代厨房实际上大多采用这个具有革命性的设计。

广告设计中运用反叛型思维的主要特点是不惧于冒险，敢于打破常规。这种打破常规的行为意味着不被固有的经验和规则所限制，从而开创新的创意。据美国心理学家 D.N. 柏金斯介绍，他的儿子切苹果的方式与大多数人不同，一般人都是从"南北极"纵向切开，但他的儿子选择了从"赤道"横向切开。意外之处在于，他们发现苹果中间有一颗五角星形图案，这让他们非常惊奇。这是孩子无意间发现的，因为他不知道切苹果的"惯例"。

通常人们做事很容易产生"思维定式"，也就是常说的"习惯"，有了定式，思维就难以突破，人有永不满足的心理，但人常为习惯所困扰。克服心理定式的反向思维是突破常规的开拓性思维，能排除定势的干扰，使思维另辟蹊径。如在美术史中，往往一种风格的出现是对前一种风格的反叛或超越。早期印象派和后期印象派是对于古典艺术的反叛，开拓了新的艺术形式；现代艺术将反叛演绎得更甚，当杜桑将抽水马桶放在美术展览厅命名为"泉"时，打破了传统绘画的概念，书写了美术史上一段不朽的篇章。

文艺复兴时期的艺术家米开朗琪罗认为，真正的艺术大师具有超越规则的本能和力量。超越规则的前提在于接近自然规则，超越规则是伟大创意的起点，艺术总是在不断超越中向前。艺术永远在变动中，图新求变是艺术永恒的生命力。

超越规则的思维规律是创造性思维的典型特征，创造性的思维带来创造性的作品。超越规则的思维规律主要表现为：积极的求异性、敏锐的洞察力、创造性的想象、活跃的灵感和新颖的表述等。它对于设计的结果有极大影响。

但是，有一点要特别注意，想要超越规则必须是在了解规则的基础之上，否则就谈不上超越。我们类比大量的设计作品发现，以模仿型、继承型、反叛型三种思维规律并存，对于设计创意有明显的指导意义。在这三种思维规律中看似反叛型思维最具创造性，其余两种似乎是保守的，但实际上模仿型思维和继承型思维是反叛型思维必要的基础和起点。这三种思维规律是先有规则而后超越规则的典型过程。但以上三种设计思维形式的结构并没有高低之分，而是互相联系、互相渗透。

第四章 现代广告设计的传播和发展

广告设计是企业实现广告目标的重要环节。本章内容为现代广告设计的传播和发展，依次介绍了现代广告设计的发展、现代广告设计的传播方式这两个方面的内容。

第一节　现代广告设计的发展

现代广告设计主要通过图形、文字等表现元素的巧妙组合，吸引目标消费者对广告信息的关注，进而增进他们对产品和品牌的了解与好感，激发他们的购买欲望，促进产品销售。作为广告运作过程中的重要组成部分，广告设计有着自己独特的定位和意义。

一、对现代广告设计的定位

在广告运作过程中，广告设计在广告策略的指导下，是完成商业信息概念到广告作品飞跃的重要环节。

（一）现代设计教育的源头

包豪斯学院是现代设计教育的起源。1919年，德国魏玛创立了世界上最早的设计学院——包豪斯学院。该学院的创建者是建筑设计师沃尔特·格罗皮乌斯。《包豪斯宣言》于1919年3月发表，是其主要观点的重要体现。包豪斯学院是现代设计运动的发源地，主要贡献体现在以下几个方面：

第一，它倡导简约风格，将研究形态及形态的组合作为核心，并通过基本形态要素表达想象的意境。

第二，艺术与科学实现了一种全新的融合。教材的核心是几何形体的数学结构，通过采用标准化的色彩和形式美的模型，帮助初学者更容易掌握相关规律。艺术与科学的结合，通过不符合常规的空间维度变幻、光效应和视觉心理等手法，为我们带来了全新的视觉体验。

第三，确保功能与外观的一致性。强调了人类的主导作用，注重使用价值，并从中获得自然美，突显了"为人造物"的理念。需要将艺术和技术融合，以及科学和功能相结合，并要求设计的应用与生产过程具有合理性。此外，还应该关注设计与社会、经济、科学以及生产技术之间的联系。搭建连接艺术和工业领域之间的桥梁。

(二)现代广告设计的特征

在广告活动中,一方面,广告设计需要体现企业营销和广告策划的整体要求,与品牌和产品的定位保持一致,另一方面,广告设计还要考虑目标消费者的兴趣和需要,保证信息传达的形式符合他们的心理偏好。因此,广告设计在现代广告运作中的定位具有以下特征:

1.适应广告策略中对于具体媒体的要求

在具体的广告运作中,媒体策略的制定是以企业营销目标和产品定位为依据的。因此,同一广告设计作品在不同的媒体平台上展示时,需要根据各个媒体平台的特点来进行相应的调整和优化,以达到最佳效果。只有根据媒体特征来调整广告设计的观点和表达方式,才能提升广告整体的有效性。如果单纯为了寻求广告设计在不同媒体上视觉效果的一体化,那么在不同媒体上广告的效果就会产生较大的差异。

反之,如果能够在把握广告设计中基本元素的前提下,依据策略要求大胆地改变在不同媒体上的视觉形式,广告的传播效果肯定会超过一味地强调不同媒体视觉效果一体化的做法。例如,一旦确定广告设计的基本表现元素,接下来需要突出品牌和产品的外形及包装。此时,创意重点在于呈现单一视觉形象的吸引力与冲击力。而投放户外广告时更要注意充分利用其所带来的视觉张力和诱惑力。在杂志上进行广告发布,还应该将视觉效果的焦点集中于展示格调或营造一种意境等。

2.以目标消费者的接受心理为出发点

随着整合营销传播的兴起,以消费者为中心的营销观念正在被越来越多的企业所接受。作为企业进行整合营销传播中的品牌信息与目标受众接触的重要形式,现代广告设计要求设计师以目标消费者的接受心理为出发点,在确定广告创意和表现手法之前,要深入研究消费者的心理、爱好、兴趣和习惯等因素,以确保广告作品能够在有效传达广告信息的同时满足目标消费者的心理需要,引发他们的共鸣。

事实上,广告设计在本质上就是企业努力寻求与消费者协调并获得反馈的一种沟通方式。其中之所以要包含创意和艺术性的元素，是因为这些元素可能会引起消费者的兴趣，从而使得沟通能够更加顺利地进行。因此，在广告设计中，创意和艺术元素的运用必须从消费者的心理出发，否则广告作品将难以向目标消费者有效地传达广告信息，从而导致广告策略不能执行到位。

3. 与企业信息传播策略相协调

广告设计作为现代广告运作中处于执行层面的一个重要环节：一方面必须保证与策划方案中其他处于执行层面的环节相互配合，实现广告信息在与目标消费者接触时的一致性和关联性，从而让目标消费者对品牌和产品的推广产生印象和信任。例如，广告设计作品必须保证与广告文案、公关宣传、终端布置、促销活动主题等因素的一致性和协调性，使消费者能够很快地将它们联系在一起，从而让广告主的多通道传播得到最终的统一和强化。另一方面，为不同目的而进行的广告设计也需要尽可能地跟企业和品牌的整体风格相协调。企业和品牌的信息传播活动包含着众多的公关、广告、事件和活动，这些元素相互渗透、相互影响，并且不同程度地需要广告设计的支持。

尽管不同广告设计的具体目标是不同的，但是就整体而言，作为企业与目标受众进行沟通的一种形式，不同广告设计作品在风格和识别性上的统一和调和，有利于树立企业一贯的、稳定的和可信任的良好形象。

（三）现代广告设计的意义

在企业实现广告目标的过程中，广告设计扮演着至关重要的角色。广告的设计过程包含了企业营销传播策略的制定、设计师的思维创意与灵感相互碰撞、交汇和融合的阶段。广告设计的最终结果，也就是广告作品，是广告主与广告受众之间进行沟通、影响社会的主要媒介。因此说，在整个广告传播过程中，广告设计的重要性不可小觑。

1. 广告设计是广告运营的最后一个步骤

广告设计人员按照一定的艺术创作原则，通过对图形、文字等要素的创造性编码，将广告运作过程中的策略、主题思想以及创意概念转化为真正意义上的、适合具体媒体传播的广告作品。这一过程既体现了广告设计师对广告传播策略和思想的理解，也包含其艺术创造思维的闪光点。

通过创作出高质量的广告作品，帮助广告主将营销和公关信息传达给受众，从而实现广告营销的目标。设计师从大自然以及中外优秀文化中梳理和撷取设计元素，创造性地将理想与现实联系在一起，寻找最适合的表达方式，以创造出美丽而富有意义的设计作品。这些作品不仅包含深刻的象征意义，还具有美的外表，能够让欣赏者产生积极的情感反应，并按照设计者和传播者的预期发挥作用。因而，可以断言，广告设计是实现广告主和广告受众之间沟通的根本性步骤。

2. 广告设计在保证广告作品质量方面具有重要作用

广告设计是一种在视觉上传达思想的方式，能将广告主题和创意概念转化为创造性的形象呈现。它需要创作者付出大量的心血和创造力，而非简单的机械制作。因此，广告设计在决定广告作品质量方面扮演着重要角色。出色的广告主题和创意概念，可能会因为广告设计过程中的平庸处理而变得黯淡无光，因此，必须重视广告设计过程中的创造性。广告作品表现力的高低，与广告设计人员在创作过程中的创造性思维的运用程度紧密相关。

3. 广告设计是社会艺术表现手法和技术不断创新的重要动力来源

广告设计是一种具有重要影响力的社会艺术表现形式，在不断创新的过程中推动了技术的发展。在商业利益和现代文化的推动下，广告的表达和设计过程紧密依赖于艺术和科技手段。这些手段不断被应用、改进和创新。

设计形式趋于多样化，各种各样的图形表现出现代科学的研究成果，特别是影视艺术、数码影像技术、计算机辅助设计手段等在图形、图像设计上的广泛应用，为广告受众创造了许多全新的视觉体验，深刻影响了现代广告的传播方式和效果。与此同时，广告设计的进步又自觉地推动着相关艺术表现手法和技术的创新，正如网络技术的发展开创了丰富的网络广告的表现形式，反过来，网络广告设计和传播要求的提高又推动着人们改进网络技术，改善网络传输的流量和速度。

二、现代广告设计的核心

现代广告作为决定商品成功与否的众多因素之一，既可以帮助商品在营销上取得巨大成功，也可以导致本来可能很有前途的产品从此夭折。

（一）广告设计师

广告设计师是指从事设计工作的人经过教育、经验的积累，具备了一定设计技能，是在不同的设计领域以不同的形式从事设计工作的个体劳动者。广告设计作品是广告设计师所创作的作品，是物质生产与精神生产相结合的一种社会化产品。广告设计师与普通人的区别在于广告设计师具有普通人欠缺的设计专业知识与技能，因此，普通人一般仅仅停留在设想层面，而设计师不仅需要设想，还要具有将设想转变为现实的能力。

从设计发展的历史可以看出，设计在发展过程中与美术、手工艺术都具有密切的联系。因而，美术家、工艺美术师都是历史上主要的设计创造者，设计师的产生与发展一定是和美术家、工艺美术师联系在一起的。中国历史上出现了数量丰富、质量上乘的手工艺作品，这些工艺作品的创作包含了设计的意识和设计的精神，是当时社会精神需求、物质条件和技术水平等的综合反映。

（二）广告的参与者

顾客的需求和欲望日新月异，为了引起他们的兴趣和关注，这使得营销活动变得十分复杂。成功的营销交换必须考虑到三个主要因素为顾客、市场和卖主。

1. 顾客

消费产品或服务的个体或团体被称为顾客，通常分为三类：现有顾客、潜在顾客和影响中心。

现有顾客是指那些曾经购买过某企业产品的顾客，有可能会定期再次购买该产品。判断企业是否成功的一种方式是通过计算其现有客户数量和这些客户的回头率。潜在顾客指那些有可能成为交易对象或正在考虑成为交易对象的个体。影响中心指观点和行为受到他人的尊重并且能对他人有影响的现有顾客、潜在顾客或意见领袖。通常来说，影响中心是连接着许多潜在顾客的纽带。

2. 市场

营销过程的第二个参与者是市场。市场是一群有共同兴趣、共同需要和共同欲望的人群愿意使用某种特定的产品或服务，有能力进行购买决策，这些人包括现有顾客、潜在顾客和非顾客，他们希望通过消费来满足自己的需求或解决问题。

实际上，一个市场并不可能满足所有人的需求。一般来说，企业会将广告投放在以下四种市场领域：

一是消费者市场，也可以称之为"消费品市场"。通过购买产品和服务来供自己使用的个人也包含在消费者市场范围内。消费者市场是一个庞大的市场。

二是企业市场。作为消费者，我们自然会更关注消费品的营销与广告，消费品营销商自然比工业品营销商更依赖于广告。然而，实际上，有一半的营销活动是针对企业市场的。企业市场有很多种，其中最重要的两种是经销商市场和工业品市场。

三是经销商市场。经销商市场购买产品再转卖给他人。尽管绝大多数消费者对针对经销商市场的营销活动和广告活动毫无感觉，但经销商市场对大多数企业来说极其重要。

四是工业品市场。工业品市场由购买产品进行再生产的企业组成。美国有1890多万家这类企业。工业设备和机械制造厂针对工业品市场做广告，办公用品生产厂家、电脑制造厂家和电话制造厂家也一样。

3. 卖主

第三方参与营销过程的卖主是指准备出售其产品、服务或观念的个人或组织。例如，制造商出售消费品和工业品，农民出售麦子，医生提供医疗服务，银行销售金融产品。为了取得成功，卖家们都应该在展开广告活动前对市场进行深入了解。

三、现代广告设计的流程

广告设计流程是广告作品由初期创作到最终推广的完整过程，是了解广告行业内部工作机制的直接途径。一个完整且顺畅的流程是一则好广告诞生的保障，每个广告公司的工作流程都在基本规律中略有变化，好的流程可以使工作事半功倍，反之则会造成不必要的麻烦。广告设计的流程从狭义上讲是指广告作品从创意设计到制作印刷或推广播出的过程，而从广义上讲则包含从前期沟通、调研到后期传播推广的完整过程。

（一）广告设计一般流程

1. 阅读创意简报

广告创意的基础是创意简报，其中详细阐述了广告目标、品牌形象、产品定位、目标受众和市场竞争对手等关键市场因素，并对它们做了初步的提炼和分析。设计师预先认真研究创意简报，可快速、正确地把握广告目的，帮助其更好地领会创意团队完成创意概念。

2. 领会创意概念

设计师仔细研究创意简报，以便准确地理解广告目标，更好地向创意团队传达其创意概念。创意概念是建立在全面分析市场要素和客观认知的基础上的，其深层次的目标是抓住消费趋势和市场机遇，找到最符合消费者需求的产品或服务，并将其转化为创意营销的核心概念。创意概念相对抽象，需要以具体可感的形式传达给受众，这就是创意表现（视觉表现）。因此，视觉表现是对创意概念的一种翻译，翻译成视觉语言。翻译首先需要充分领悟原作精神，其次在翻译的过程中精确无误且生动感人。

3. 研究受众审美心理

广告创意与设计必须十分关注"人"（目标消费者）这一要素，但凡真正关注、理解与尊重"人"的需求以及相应的心理特征，由此出发而产生的创意设计必能获得较好的效果。进行视觉设计时就要具体到分析与把握受众审美心理，明白其实受众对于广告画面存在预先的想象，设计若能符合其想象，便能获得来自受众的认同感与好感，这是十分关键的。

4. 确定主视觉格调

视觉格调大体分实用性格调、随和性格调、精神性格调。三类视觉格调产生不同的心理反应：实用性格调对应务实性、功能化的广告类别；随和性格调对应大众消费、促销性强的广告类别；精神性格调对应高格调、高级商品的广告类别。与广告定位不符的视觉格调取向，会在大方向上将形式表达引向误区，使之后所有的设计修饰成为徒劳。

5. 图形的创意性表达

广告设计将创意概念演绎为视觉画面的过程也存在巨大的创意空间，视觉创意是广告创意手法中的重要组成部分，广告十分期望借助视觉创意本身带来精彩的吸引力。因此，作为善用视觉语言的设计师应发挥所长，开拓出更多样、更新颖、更富于创新性的视觉画面。

6. 图文处理与版面编排

在大的视觉格调定位之下具体规划版面式样、制定版面率、把握画面动静性，处理图片、配色，设计标题、编排图文信息等。

（二）不同媒体的广告设计流程

1. 网络广告设计流程

随着互联网技术的推广，网络已经成为今天广告传播的主流媒介。网络广告所具有的互动性、可选择性、灵活性、经济性、易传播性、直观性、针对性等是传统媒体不具备的，这些优点加速了它发展的步伐。网络广告分类较多，表现形式既有静态的也有动态的，制作流程也各不相同。

静态网络广告的制作分为前期策划和制作两个阶段，其设计流程与平面广告设计流程类似。网络广告设计通常会选择 JPG 或 GIF 格式，因为这两种格式对于网络传输速度的要求较低，同时也可以采用 RGB 色彩模式。制作动态网络广告和平面广告设计具有许多相似之处，其中包括前期策划和后期制作两个主要阶段。随着项目需求的多样化，动态网络广告的制作技术也经历了变革。

静态网络与平面广告设计具有大致相同的流程，通常分为前期准备和制作两个阶段。在网络广告设计中，因为图片受到网络传输速度的限制通常不大，所以一般会采用 JPG 或 GIF 格式，并且使用 RGB 色彩模式。一般来说，在网页设计中需要将通过计算机绘制的矢量图形转换为标准的图像格式。动态网络广告与平面广告设计在制作流程上有许多相似之处，其中包括前期准备和后期制作两个主要阶段。根据项目的不同要求，动态网络广告的制作技术也有较大的区别。

将影像和声音进行输入、编辑和格式转换后，传统的影音广告可以在互联网上传播。通常在设计时，为了使影像能够以理想的速度运行，会选择使用小画面模式。为了最终的制作，通常会采用一种或多种文件压缩技术。尽管如此，要在网络上流畅地播放影像文件仍然需要稳定的高传输速率。最终的阶段是确保各个广告要素和不同文件、页面之间的链接完整，并为 WWW 提供 HTML 文档。在 HTML 文档中，作者可嵌入链接指令，指向其他文件的目标。

2. 影视广告设计流程

随着电视的普及，影视广告逐渐成为现代广告的主要形式。影视广告利用图像、声音、语言、文字等多种手段，通过多种感官途径实现时间、空间效果。在实际操作过程中，虽然影视广告受时间、空间、人物等多种因素的限制，制作过程往往充满变数，但基本流程可概括为制定创意，客户确认，拍摄分镜头并确认拍摄脚本，制作会议（PPM），客户确认，拍摄，后期制作，客户确认，A—COPY，B—COPY，成片完成。

前期准备阶段是对广告创作意向的讨论与确定阶段。通过与客户交流的制作会议收集项目的相关信息，全面了解项目特点是创意工作开展的先决条件。经过对项目进行仔细研究和深入讨论后，确定广告推广的主题和内容，并撰写出相应的脚本。为了确保广告影片的制作效果符合客户的期待和品牌形象，广告设计者会向客户详细解释影片拍摄中的每个细节，包括制作脚本、导演阐述、灯光影调、音乐样本、布景方案、演员试镜、演员造型、道具、服装、预估价格等方面的内容。设计者将细致地讲解每一个细节所要传达的信息和意义，为客户提供详尽的参考，在确认了这些细节后，设计者将以此作为确保拍摄质量的基础。

拍摄制作阶段是广告创作的具体实施阶段，在广告成败中起着至关重要的作用。通常情况下，广告公司和制作公司会合作完成该阶段的任务。当广告公司确定并批准创意进入拍摄阶段时，他们会提交文案、画面描述和提案给合适的制作公司。此外，他们还会以书面形式说明广告片的长度、规格、完成日期、目的、任务、情节、创意要点、氛围和不可忽视的事项，以帮助制作公司深入了解该广告片背后的创意原点、目标受众和表现风格。一旦客户审核并确认了拍摄方案，公司便会着手准备拍摄工作，并开展三维制作等后期工作。制作公司将向客户和广告公司报告广告影片拍摄中的所有细节，并提供相关解释。三方需在确认所有拍摄细节方面达成一致。在最终制作准备会上，制片人员会确认和检视所有细节，以防止在广告片拍摄现场出现任何偏差。这有助于确保广告片能够顺利按照计划执行。特别要留心的是关于场地、演员和特殊镜头等方面的细节。

制作后期阶段包含多个任务，如胶片冲洗、胶转磁、初剪、精剪和配音等，这一阶段的完成质量直接影响广告的最终呈现效果。在初剪阶段，导演会将拍摄到的素材按照脚本的顺序进行编辑，并形成一份仅包含基本画面、无音乐、旁白及视觉特效的版本，也就是 A 拷贝。精剪阶段是在客户认可了 A 拷贝以后进入的修改和正式剪辑阶段。配音阶段是在画面基本完成的基础上开始的。音效将为广告片增添新的体验，是影视广告不可替代的优势。音效包括背景音乐、旁白、对白等。

3. 平面广告设计流程

广告设计的流程分为前期准备和设计制作阶段。为了更精准地传达广告主所期望的信息或强调产品的特性，平面广告设计利用静态的视觉要素进行。在设计之前，必须进行充分的研究和宣传策略的制定。以下是前期准备阶段的具体实施方式。与客户交流，了解产品的特性、销售状况、市场状况趋势、营销策略、目标对象以及竞争对手等方面的信息，分析客户需求与产品特点。

召开项目工作会议的目的是检查所有资料是否齐全，商讨如何获得其他必需资料，安排工作进度，评估工作项目的可行性并确定负责人。组织一次策略研究会，主要讨论市场分析和观点、目标受众和竞争范围的确定、广告、公关、促销和活动等传播方式的作用和功能，以及相关的营销建议。

整个营销策略的有效实施关键在于广告设计和制作阶段。在这个阶段，根据之前的总体策略要求，确定广告设计所需要用到的各种视觉元素，并将它们综合应用，形成传达信息的介质。通常，在设计和制作阶段，我们可以采取以下具体方法来实施。这个流程可以重新描述为：先进行头脑风暴并绘制草图，然后开始制作初步版本并提出方案，接着制作正式版并进行最终确认。借助正文，同样可以明确广告的核心内容和重点。在印刷前的制作过程中，完稿阶段是其中的一项重要步骤。在这个阶段，制作公司会对已经通过初稿审查的文件进行精心加工。这包括校准颜色、单独创建专有色文件、将特殊字体转化为曲线、添加出血以及将文件转换为 TIF 格式等多项工作。这个过程的目的是确保印刷工作能够顺利进行。印刷阶段是广告制作的最后阶段，掌握印刷常识和基本流程有利于设计作品的顺利完成和精准表现。

四、现代广告设计批评

设计批评是一种科学活动,以设计作品为中心,通过感性体验和理性分析,从一定的立场和角度,依据特定的标准,对各种设计活动进行评价和判断。设计批评的目的是推动设计的发展。一般意义上来说,设计批评也是设计评价。

(一)"设计"与"批评"的概念

"批评"一词的含义不可片面理解为"批判"。"批评"一词在此是中性词,不含有贬义。设计批评是指批评家运用一定的评价标准和方法,对批评对象给出客观的鉴别、评价、界定,对作品进行毫不留情的、公正无私的评论,然后提出建设性的意见,使之日益进步。

"设计"的概念源自文艺复兴时期,当时它作为艺术批评的一个术语被广泛使用。设计作为一个艺术批评的概念,涵盖了视觉元素有序地排列和处理,以及这个过程所遵循的基本原则。这些视觉要素涵盖了线条、形状、色调、色彩、纹理、光影和空间。

在文艺复兴时期至19世纪,艺术批评家们对于"设计"这一术语的使用,或多或少还强调它与艺术家的视觉和情感经验之间的联系。然而,随着时间的推移,到了19世纪之后,"设计"这一词语已经逐渐演变为一个纯粹的形式主义艺术批评术语,并且在当时广泛传播开来。不再着重强调个人的视觉和情感经验的积淀。

在理论上,无法将设计批评与设计史分开,因为设计史家的工作是依托于他们的批评判断,而设计批评家的工作则建立在设计史的教育和经验的基础之上。不过,在实践中,我们需要把设计与设计评价分开单独探讨。设计史家是以设计领域的历史为重点,而设计批评家则是以当代设计作品为重点,两者的研究目标不同。设计批评的使命是对具体设计作品进行独立、专业和权威的表述、阐释和评价。

(二)现代广告中的设计批评

广告设计批评与设计批评的理论体系与批评方法是一脉相承的,其区别在于所涉及批评对象更具体化和独立特性。广告设计批评是对广告设计现象、广告设计作品、广告设计师风格，进行感性的体验、理性的分析、研究、判断和评价，寻求其规律性的更高层次的科学理论活动。

广告设计批评应具有以下五大基本功能：一是说明与分析功能，二是判断功能，三是评价功能，四是总结功能，五是预测功能。总之，广告设计批评是通过对设计作品和设计思想的剖析，把有价值的设计上升为理论，通过评论得以传播，推动、指导广告设计健康、持续地发展。

广告设计批评者（或批评家）可以是广告设计领域包括学界和业界的专家权威，也可以是广告设计的受众。从广义上说，消费对象就是批评者，消费行为本身说明了其对某一产品的评价。设计批评者可以是个人，也可以是集体。

五、现代企业广告设计分析

（一）食品药品企业广告设计

1. 食品饮料广告的特点

食品饮料广告是针对食品、饮料类商品进行的一系列有偿的、有组织的、综合的、劝服性的非人员的信息活动。食品饮料广告的特点体现在以下两方面：产品的色、香、味是食品饮料广告表现的首要内容。食品饮料广告的性质决定了食品、饮料产品必然是广告宣传的主要内容。因此，食品饮料的色泽、味道、口感是在创意广告时主要传播的内容。唤醒消费者内心的情感是食品饮料广告的重要手段。只有真正了解消费者的心理活动及心理活动过程，才能使广告的知觉与观念、理智与情感的诉求达到预期目的。只有顾客相信广告内容，接受广告内容，才是广告成功的标志。

2. 药品广告的特点

药品是指具有预防、缓解、治疗、诊断疾病和调节人体生理功能的生物活性物质。我国从2001年1月1号起规定处方药一律不许在大众媒体上做广告。药品广告具有如下特征：

第一，说理性。药品广告重点是把药品的功效、副作用、配伍禁忌、不良反应述说清楚，把广告药品与其他相同、相似药品之间的比较性报道清楚。科学规范的比较性广告是适合于药品广告的形式。药品广告是理性较强的广告，为了表达清楚，其最佳媒体应是印刷媒体。处方药不适宜在大众媒体上做广告，可以在专业报纸、杂志上传达其信息。

第二，严肃性。药品广告用词严谨，决不能使用含糊不清的语言，不适宜用搞笑的形式，以相声、喜剧演员等当广告模特不是很好的选择。

第三，软广告性。药品广告是直接为人类的健康服务的，相比之下具有更多的人情味。必须以温柔、关爱、情感来满足用药者的心理需求，以较多的用药知识和诚恳的低姿态，用微笑而亲切的诉求去获取患者的良好印象。

（二）汽车企业广告设计

汽车企业做广告是向广大消费者宣传其产品用途、产品质量，展示企业形象的商业手段。在这种商业手段的运营中，企业和消费者都将受益。企业靠广告推销产品，消费者靠广告指导自己的购买行为。不论是传统媒介，还是网络传播，带来的广告信息都为人们提供了非常方便的购物指南。汽车广告因时代而变迁，因经济而壮大，因需求而发展。

求新、求变是汽车广告创作者梦寐以求的目标，唯有新颖、独特的广告创意才能从广告的洪流中脱颖而出，赢得消费者的"芳心"。广告创意，虽犹如万花筒可激情、任性、千变万化、任意发挥，但不论如何新颖，媒体运用如何灵活，广告策略如何出奇，总是无规矩不成方圆。广告创意应有可循的轨迹，从轨迹中产生联想，从线索中激发创意。为此，汽车广告的设计创意要体现以下特征：

首先，汽车广告创意要有明确的广告主题，以广告主题为核心，不能随意偏离或转移广告主题。

其次，汽车广告创意要形象化表现，基于事实，集中凝练出主题思想与广告语，并且从表象、意念和联想中获取创造的素材，将形象化的词语、诗歌、音乐和富有感染力的图画、摄影融会贯通，构成一个完善的广告作品。

最后，汽车广告创意要以广告目标对象为基准，必须明确广告是在对谁说话，在深入调查的基础上，细分市场之后，找准产品的目标市场，明确自己的顾客和潜在顾客。

（三）房地产企业广告设计

现代房地产广告是在对社会文化环境、目标消费群体深层文化心理、楼盘本身特性和市场经济环境等多方面因素全方位把握的基础上的准确定位、策略性形象推广和合理的沟通方式。房地产广告具有如下特点：

一是时间性强、投入风险大。同一般的食品、饮料、服装商品相比，房地产商品基本上属于一次性购买行为，对消费者品牌忠诚度的培养的必要性和意识相对较弱。因此，在房地产行业发展阶段，房地产广告重视的是促销效果，而非房地产开发商的企业品牌形象。也正因为如此，房地产广告宣传的时间性较强，一笔广告费投下去就必须在短时间内换回预期的销售额，过期则不再有效。所以，房地产广告宣传投入的风险远远大于其他类型商品的广告宣传投入风险。

二是信息量大而广。房地产广告所要传达的信息量是所有行业广告中最大、最广的，这是由于房地产商品自身特点决定的。与其他商品相比，房地产商品所需投入资金较大，使用时限较长，和人们的生活息息相关，甚至决定了人们的生活方式和质量。因此，购买者在作出购买决定前慎之又慎，反复考虑清楚后才会形成购买决定。除了大量商品信息的传递之外，针对消费群体生活方式的不同产生了种类繁多的房地产广告形式，几乎涵盖了广告传播所涉及的所有媒介，不同的媒介交叉作用弥补相互之间的空隙和不足。

三是地域性特征明显。房地产广告的地域性与其商品属性不同，一般的食品、饮料、药品，甚至服装和汽车，只要不是仿制、造假产品，全国各地范围内的质量和规格是一致的，各地商店都可以购到，甚至可以通过网络邮递的形式购买。但房地产商品只能在特定区域内购买和使用，所以，房地产商品的目标受众也同样具有地域性特点，那么，针对目标受众的房地产广告也带有强烈的地域性特征。

四是综合化营销趋势。现代房地产广告行业的一个主要特点就是走向综合化营销。现在社会中，单一的房地产广告并不能形成销售行为，这也是促使房地产的营销理念发生变革的直接原因。

第二节　现代广告设计的传播方式

广告设计通过媒体将信息传达给受众，才能算最终完成任务。因此，对广告设计发布媒体的特点需做了解。不同媒体的广告设计各有特点，本节将广告设计主要传播媒体分为：平面媒体广告设计、影视媒体广告设计、广播媒体广告设计、新媒体广告设计，以此分别进行探讨。

一、平面媒体广告设计

（一）报纸广告传播优势

报纸广告在市场经济的运作中扮演着重要的角色，它的存在满足了市场、媒体和读者三方面的需求。

报纸版面齐全，可刊登的广告信息量大，广告主有充足的版面空间发挥创意。同时，广告主还可以在一定范围内自主选择报纸版面。报纸广告刊登费用较低、经济效果好，具有较高的性价比。报纸易于保存且容易被传阅。报纸编排灵活，广告甚至可以在交由印刷厂开印的前一秒进行修改。报纸发行范围广、受众多。报纸广告能够在文字信息之外添加大量图片信息，做到图文并茂，用最直观、最具说服力的方式劝服读者购买某种商品或服务。报纸广告具有较高的精确性，可以准确地瞄准目标对象。报纸媒体的主动阅读特性使报纸广告与电视广告、广播广告相比更容易让读者产生好感。报纸广告适合对产品作详细介绍。

（二）杂志广告传播优势

在信息爆炸的时代，杂志广告反而不太容易受到干扰，内容更具价值，有些面向较高消费层次的杂志，其广告页非常精美，可信度高，印刷广告对读者的干扰度较小，被认为是最值得信赖的媒体，能够促进受众将欲望转化成行动。与其他的广告投放媒体相比，杂志广告更能让受众付诸消费行动。投资回报率高，在发生消费行为之前，消费者倾向于通过杂志广告了解产品的详细信息，了解产品的官网，通过网站直接查询产品的相关信息。针对性强，杂志广告比投放在其他媒体上的广告更能准确地触达目标受众，这得益于杂志本身的精准定位。杂志的分类比广播和电视更加精细，这在一定程度上保证了其受众的专业度，许多杂志对不同的读者群体有不同的吸引力，广告商可以仔细分析杂志的受众，从而精准、高效地投放广告。

(三)平面媒体广告的创意设计

报纸、杂志广告设计各有特点，但又有很强的共性：两者都是以文字和图片等物质手法直接诉诸视觉来达到目的，它们的商业功能和审美效应都是从视觉要素的两方面实现的。但报纸广告的设计一般以文字为主，杂志广告的设计一般以图像为主。

1. 标题的创意

报纸、杂志广告设计重点在于标题的创意和图像的创意。标题应该体现广告的核心内容，产生导向的作用，要回答人们关心的问题，满足人们的需要。有关标题的创意，不一定每次都需要主题、引题、副题齐全，有时一个主题就能完成标题的任务，有时是主题与副题，有时是引题与主题，根据需要把握。

2. 图像的创意

广告创意设计要遵循一般平面广告创意设计的基本规律，设计应从报纸版面的整个环境来考虑提高视觉冲击力、注目率。

图文创意要注意以下三个要点：第一，内容形式紧密结合；第二，创出新意、新概念、新构思、新鲜感，出奇制胜，要有"句不惊人誓不休""图不惊人誓不休"的决心；第三，图文创意需要集体智慧，设计师应在市场调查、集思广益的基础上展开设计。

3. 版面编排创意

版面编排的任务是把广告各要素结合成布局合理的有机整体，给人完整的艺术美感。布局就是协调图和文字的关系，图文并茂是指两者和谐统一所表现的整体美。图文之间应是互补关系，是主辅关系和呼应关系。报纸广告以字为主，图为辅；杂志广告以图为主，字为辅。总的来说，现代广告更多地突出图画的视觉诱导。

二、影视媒体广告设计

影视广告包括电视广告和电影广告。影视广告借助影视播放特有的技术，将图像、声音和字幕等设计整合生成鲜明、快速、准确的动态广告片传递给信息接收者。

（一）电视广告传播优势

由于电视具有承载与显示声音及画面的双重功能，它可以使广告创意生动地传达给消费者，让消费者获得"既闻其人，又闻其声"的审美感受。消费者在这样的感受中获得的对商品信息的记忆牢固度要比只诉诸人的单一感官所获得的商品信息的记忆牢固度强。

电视广告还可以给创意人员提供一个绝佳的广告创意舞台。由于电视广告自身独具的视听双重传播效应，创意人员在广告的创意过程中能够将创意表现力发挥到极致，在这种情形下完成的广告作品往往能把品牌的卖点展现得淋漓尽致，给观众留下非常深刻的品牌印象，而这样深刻的品牌印象无疑是销售商品的最佳助推力。

同时，电视广告还可以让不准备看广告的观众在无意中获得广告信息。电视广告一般都被安排在各类电视节目中播出，如在电视剧的开头和结尾，在电视台各栏目的开头和结尾等。这样，观众在收看电视节目的时候经常会无意识地接收各类广告讯息，对商品及其相关信息留下印象，而这样的印象对消费者日后的购买行为具有重要作用。

（二）电影广告传播优势

观众来到电影院观看电影时的精神状态原本是很放松的，因而其注意力比通过其他媒体接收广告讯息时更为集中，对广告讯息的记忆度自然也更高，对广告的印象也更加深刻。

电影是被投放在银幕上呈现给观众的，银幕的尺寸要比电视屏幕大出许多倍，因而投放在电影银幕上的广告中的产品形象要比电视屏幕上的更加突出，产品的诸多好处就会更加清晰地展现在观众眼前。

例如，微电影广告是以新媒体为传播平台，运用电影艺术手法制作而成的具有完整故事情节的视频短片。其主要特点是运用微电影的形式，将广告信息巧妙地植入微电影中，以达到宣传产品品牌的目的。微电影广告具备微电影的观赏性，能让观众在欣赏精彩剧情的过程中接收广告信息，与直白的广告相比，微电影广告不容易引起观众的反感。

(三）影视媒体广告的创意设计

影视广告设计的主要构成元素是画面、音乐、广告语、音响、字幕，各元素的相互协调构成广告设计的整体。影视广告的制作成本较高，技术也较其他广告复杂一些。

1. 以画面为中心增强视觉效果

以画面为中心指的是在影视广告中以图像传达信息为主，文字和声音作为完善补充，电视广告的制作应向如何增加画面视觉效果聚焦，即以画面为中心。

中心画面指的是起主导作用的画面，它的内容紧密关联主题，是凸显主题的重点与关键环节，这个画面能够直接让读者体会到广告主题并印象深刻。中心画面可以通过连续的画面构成，也可以通过非连续的画面构成。广告的开篇和结尾是极其关键的位置，具有先发制人和后发制人的双重作用，因此，也成为设置核心画面的关键位置。

2. 画面语言的直观性与经济性

在影视广告的创意中，需要采用真实、直观、简洁的表达方式，让受众轻松理解每个画面所表达的信息，并确保画面与广告主题相呼应，形成完美的整体效果。由于时间有限，影视广告的画面需要简洁、明了，尽可能避免重复，充分运用编辑手法，如压缩、省略、跳跃等，以降低画面数量。一般来说，30秒的电视广告最好由8~9个画面组成。在这些画面中，必须充分传达信息，给观众留下深刻的印象。因此，我们应该强调重点，注重视觉冲击力。

3. 画面语言的人情味和新颖独特性

影视广告通过形象手段帮助人们认识产品或服务，在面对不同层面的观众时，强调以人为本，运用感性语言和生动有趣的介绍方式，打造令人愉悦的形象，以此增强广告的吸引力和感染力，从而激发观众的购买欲望和兴趣。

影视广告需要具备独特的创意，必须展现出充满活力的新鲜感，避免陷入单调乏味的模式。如果广告没有新颖的点子，就很难吸引受众的眼球，因为广告无处不在。电影和电视广告靠画面语言来吸引观众，要求它们的构图、形象组合、视角、拍摄手法和表现风格都有创新，能够精准而独特地表现出广告主的意图。

4. 广告语主要作为画面的"表白"

通常情况下，影视广告的广告语会出现在关键时刻和必要的时段，这就导致广告语在结构上不是完整的。因为在画面已经表现充分的时刻，广告语就不需要过多的表述。出色的电视广告语是广告创新思维的凝聚、提炼和升华。它们用精准的语言点亮广告创意的焦点，体现广告创意的核心。

影视广告的传播手段是基于观看体验的，因此，在表现主题时，应尽可能地集中于画面效果，减少文字使用的数量和频率。

5. 字幕的强化功能和音乐的配置

在电视广告画面中，字幕的使用应该精准且不宜过多。有时，字幕会融入画面之中，成为画面的一部分；有时，字幕会独立于画面之外呈现在屏幕上。而这些字幕经过专业的艺术加工，运用光影效果等手段，形成了独具美感的字幕画面。文本应该简洁、明了，字体大小宜适中，字体要清晰、易读。常见的中文字体包括宋体、黑体，另外还可以使用书法体。文本的颜色应当与背景色相区别，文字内容应当妙趣横生，排版应当灵活多变，字幕的显示时间应当恰到好处。

画面的快慢节奏应当与音乐的快慢节奏相匹配，以达到最佳效果。比如，有关儿童玩具厂的广告应包括人物的快速活动、活泼跳跃的音乐节奏和与音乐情境相匹配的画面表现。再比如，在有关药房的广告中应包括病人呻吟时播放的忧伤音乐、病人服药时播放的欢快音乐和病人痊愈时播放的欢乐旋律。当音乐的节奏与画面的节奏不同步时，会产生强烈的反差效果，从而吸引人们的注意力。利用这种对比的方法需要保持情绪的一致性。

三、广播媒体广告设计

广播广告以听觉为传播通道，主要构成元素是声音语言、音乐和音响。广播广告不能展示商品形象，但它们能通过声音引发联想和想象，以形成对商品的印象。

（一）广播媒体传播广告的优势

广播广告的主要优势在于价格低廉。在大多数媒体陆续产业化的今天，商家一直在打价格战，期望用最少的投入得到最大的收益。广播广告的费用是各类广告媒体中较低廉的，因而广播也是经济实惠的广告媒体。

广播广告的千人成本低。在同等级别的媒体中，广播广告拥有较低的千人成本，特别适合一些将目标市场定位在本地区的中、小企业投放广告。

伴随性是广播独一无二的传播优势，尤其是在"有车族"规模急剧扩大的今天。"有车族"广播听众的出现给城市广播的发展带来了机遇。黄升民教授认为，移动人群引爆了广播媒体。在这样的情况下，广播广告拥有了大量新增的移动听众。

广播广告在听众收听方面具有自己的优势。广播广告播放的过程实际上是"广告"与听众对话的过程，这种对话方式很容易被听众所接受，也会让听众产生亲切感。这个对话过程在无意间向听众传达了产品信息，促成了相当一部分潜在消费者消费行为的发生。

近年来，网络广播兴起。网络广播可以承载更多的广告，网络广播广告收入的高低取决于听众人数和收听频率。在线电台被听众收听的频率越高、范围越广，广告客户就越多，广告收入也就越高。

（二）广播媒体广告的创意设计

1. 广播媒体广告声音设计

（1）表述简洁、精辟

表达简洁、精辟不仅要求文本内容的准确性，还要求文本的语言形式符合规范。广播电波很容易消失，因此，在选择内容时必须言简意赅，多使用短小的句子和简单的语句，减少长句和倒装句的使用，让信息尽量清晰、明了，避免过多的废话和拖沓。

（2）态度亲切，语意具体

广播应该细致入微地表达出情感，以人为本，避免过多地讲理和道德教诲。使用"播音腔"可能会使人有疏离感，从而降低广告效果。因而，可以依据以下方式进行：

一是促膝谈心式。这种方式类似于与邻居聊天儿，能够引起听众共鸣，以口语为基础，给人带来温暖和信任感。口语源自日常生活，经过提炼和调整，流畅易懂，听起来很愉悦。口语的表达需要具备一定的语言艺术性和审美感，使其更加生动、有趣。

二是对话式。通过对话方式让两个或两个以上的主持人来推销产品或服务，这样更加生动、有趣。在广播中，最好不要直接介绍商品，而是需要有一个引入话题或前置条件。这个引入话题应该与生活息息相关，而且需要简明、扼要。

三是小品式。商品信息通过戏剧小品的形式呈现出来，可以使呈现方式灵活、多样，让气氛变得热烈、生动，同时信息呈现也更短小精悍。

四是现身说法式。广告中用用户真实经历进行转述，呈现客观事实，让人深信不疑。

五是直抒情怀式。直接让广告客户表达对产品的情感态度，可以给广告带来更加生动的气息和真实感。

六是语义具体实在。广播节目时间较短，为了吸引听众并留下深刻印象，语言应该具体、形象，避免空洞。

（3）语调富于节律

在广播中，语言的表达需要注意到艺术美感。语句需要长短相间，快慢有致，富有节奏感，以抑扬顿挫的形式让听众感觉清晰、悦耳。广播广告的语言节律是指在表达信息时，强调语言形式的美感和艺术性。它强调使用恰当的语句、段落和长度，以充满节奏感的方式组织语言，并借助抑扬顿挫的朗读方式清晰而悦耳地传递语义。节奏感是指在语言表达中，语句和段落的组织排列所呈现出的一种形式化的节律。第一种方法是运用诗歌的形式创作富有韵律的句子，第二种方法是将发声响亮的元素组合成一个有鲜明节奏感的整体，第三种方法是通过词语重复来构成富有节奏变化的口语。

2. 广播媒体广告音乐设计

广播广告使用的音乐包括配乐与广告歌曲两种形式。

广告配乐是频繁播放的乐曲，使听众对其产生心理联想，一旦听到该乐曲就会想到对应的企业或品牌。根据产品的特点，搭配不同风格的音乐来营造令人愉悦的氛围，同时采用视觉上引人入胜的画面呈现情境。

举例来说，在儿童玩具广告中使用充满活力的跃动旋律，在化妆品广告中使用柔和、雅致的音乐，在生活用品广告中加入轻快、清新的背景音乐，使用有力的音乐配合大型工业品广告，可以营造出独特的氛围，激发听众对产品的兴趣和对广告内容的关注。

广告歌曲是一种以歌曲形式呈现的广告宣传方式。即便是那些对广告有先入之见的人，也难以拒绝美妙动人的歌声。广告歌曲常常采用旋律优美的曲调和通俗易懂的歌词，富含时代特色，容易被消费者接受和记忆，因此，能够有效地推广产品或服务。在创作广告歌曲时，应注重它们的实用性、易于理解性和突出特色。

（1）实用

实用旨在通过突出商品的独特功能，提高品牌知名度，树立企业形象。不能将所有的精力都集中在漂亮的旋律和有文学价值的歌词上，这与创作一般歌曲的方式不同。相对来说，旋律和歌词应当有利于增强其广告效果。

（2）通俗

歌曲的歌词应该清晰明了，使用简单易懂的语言表达，即使是小孩也能完整唱出，以利传播。

（3）鲜明

广告歌曲应该有独特的个性，并具有传递有力、节奏明快、旋律美妙动人的特点，以此给观众留下深刻的印象。

3. 广播媒体广告音响设计

在广播中，音响并不是决定性因素。尽管它无法描绘图像或者表现事物的状态，但是它确实能够通过刺激听觉感官、引发情感共鸣以及唤起联想，在创造具有强烈提醒作用的氛围的同时，让读者或听众身临其境。在审美功能方面，广告音响大致可以被分为以下两种类型：

（1）情境性音响

通过情境音乐，营造出一种氛围，引发顾客思考，并深入了解商品的特性、性能。情境音响可以以多种形式呈现，例如，在旅游广告中添加流水声和鸟鸣声等环境音效，来暗示旅游胜地的美丽景色。有些广告会运用产品音效，也就是在商品使用过程中发出的声音。例如，时钟广告会加入时钟走动声，酒类广告则会伴随斟酒的声音，以此来暗示产品的特点。有些广告会在人物喝药时加入背景音效，营造商品置身真实环境的感觉，启发听众通过联想来加深对商品的认识。

（2）象征性音响

使用象征手法的象征性音响，通过引用与产品牌号和特征相关的内容，帮助受众在心理上形成对产品品牌和特征的形象化印象。这些符号性音响直接与产品相关联，容易唤起相似的联想并使人记住产品品牌。

四、新媒体广告设计

新媒体的出现不断地补充着传统媒体的视觉传播形式。广告设计会引起消费者注意，并激发他们的购买欲望。随着新媒体的不断发展，广告设计已经越来越注重互动性、体验性和实用性。现今的广告设计已不再仅注重画面颜色、图形和版式上的创意和效果，更关注新兴媒体、用户之间的互动以及产品特性的影响。广告设计因新媒体的发展而发生了质的改变。

新媒体是新的技术支持下出现的媒体形态，如网络、移动电视、数字电视、数字电影、触摸媒体、数字杂志、数字报纸、数字广播、手机短信广告等。相对于传统的四大媒体，新媒体也被称为"第五媒体"。新媒体的"新"是相对而言的，有些新媒体是全新的，如互联网，而有些则是在旧媒体的基础上引进新技术后，新旧结合的媒体形式，如电子报纸、数字电视、数字广播、手机短信广告等。

（一）网络广告传播优势

互联网不仅是一个新媒体，还是一个传播平台，能给人们提供各种各样的机会。在获得人们初步的认同感累积和用户数量累积之后，互联网孕育出不少新的传播焦点和传播习惯，甚至在此基础上创造出了新的生活形态。如此富有创造性的领域无疑会吸引大量创意人士，包括广告人。

网络广告（Web Advertising）是一种近年来兴起的广告形式，利用互联网平台进行传播，并随着互联网用户数量的不断增长逐渐受到大众的关注。事实上，网络广告是指在互联网上发布和传播的商业宣传。

1. 受众人数众多

中国互联网络信息中心（CNNIC）发布的第51次《中国互联网络发展状况统计报告》显示，截至2022年12月，中国网民规模达10.67亿，互联网普及率达到 75.6%[①]。随着科技的进步和网络的普及，我国网民的数量呈现持续增加的趋势。这是广告行业一个非常庞大的市场。

2. 广告形式丰富多样

网络广告可以采用多种形式展示，包括旗帜广告、按钮广告、弹出式广告或插入广告、赞助广告、电子邮件广告以及游戏互动广告等。

3. 超新技术的运用

通过提高互动性，可以减少观众对广告的厌恶感，同时激发他们的观看兴趣，从而更有效地传达广告信息。此外，随着流媒体技术的飞速发展，现在视频、音频等文件在宽带网络上已经可以流畅播放。将视觉和声音结合产生出动态的画面，可以更好地展现广告产品的特性，让受众对其印象更为深刻。

4. 广告价格相对低廉

网络媒体的广告费用较为经济实惠。对于大多数公司而言，若广告预算不是太充裕，选择在网络媒体上进行广告投放是比较好的决策。

5. 广告监测技术可靠

网络媒体的广告监测技术可靠，因为网络媒体的广告可以使用浏览量、点击量等可量化的数据来直观地反映广告的到达受众情况。

（二）手机广告传播优势

1. 直达个人，干扰小

商家直接投放手机广告给每个用户，不受中间干扰影响，可以完整地呈现广告信息，从而实现最佳的广告传播效果。

2. 人际传播较为有效

传播学理论认为，人与人之间的传播是所有传播模式中最具效力的方式。而手机天生就是人与人传播的线上网络，其人性化、个性化的特征使其更加容易产生亲密的联系和信任感，从而更容易传递信息。

[①] 中国互联网络发展状况统计报告 [R]. 北京：中国互联网络信息中心，2023.

3. 准确定位

在技术方面，手机具备全球定位能力。广告主可以选择在合适的时间和地点对合适的受众发布广告信息，并能够将广告信息精确地送达目标受众。

4. 复制、群发信息简便，易操作

手机短信的复制和群发功能非常方便、实用，而且也是人们日常生活中经常使用的功能。如果有人对某一广告信息感兴趣，则可以轻而易举地将广告信息推荐给他人。

5. 空间拓展前景广阔

手机能够融合不同的媒体形式，实现与传统媒体的互通。随着5G技术的逐步普及和成熟发展，以及手机电视应用的日趋成熟和手机资费的不断下调，手机的使用范围将得到更大的扩展和延伸。

（三）移动电视广告传播优势

移动电视广告具有广泛覆盖面和高度的可移动性。移动电视适用于在运动中的公共空间中传播，可以确保在速度较快的车辆和其他交通工具中流畅地播放，以满足人们在旅途中获取信息的需求。

移动电视广告广受关注并具有高覆盖率。由于广告传播方式的强制性，移动电视广告能够引起高度关注。

移动电视广告具有成本优势。由于移动电视广告价格大约只有电视广告平均价格的10%，从而使移动电视广告逐渐得到了广告主的青睐。

（四）楼宇液晶电视广告传播优势

1. 目标消费者针对性强

楼宇液晶电视的最大优点在于能够精准地定位目标受众群体。这些场所的人群通常具有明确的身份和消费偏好，而楼宇液晶电视的针对性较强，其他媒体无法与之匹敌。

2. 反复刺激性

楼宇液晶电视广告播出的周期性使其能够在某一周期内反复播出，循环刺激受众，加强受众对广告的记忆。

3. 成本较低

例如，商务楼宇联播网，其 30 秒广告的千人成本仅相当于电视广告千人成本的十分之一左右。楼内液晶电视相对于传统电视媒体来说，拥有更多的空间优势。

4. 空间优势

楼宇液晶电视在空间上有较大的优势。从时间上看，白天是受众行动相对频繁的时间段，与户外媒体相比，楼宇液晶电视的内容不仅仅是节选的视频广告，而且常常是完整的广告讯息，更利于刺激受众的购买欲望。

（五）新媒体广告创意设计——以网络广告为例

网络广告设计除了掌握传统设计的知识之外，更要有对新媒体技术的了解和掌握，基本要素如下：

1. 电脑图像

数字化的电脑图像是通过数字模拟显示的二维视觉图像，这种二维视觉图像在网络上运用较为广泛的格式是 GIF 和 JPG。

2. 电脑数字影像

影像与图像概念的不同在于图像是二维的，影像是三维动态的，结合多种元素全方位显示。在网络广告设计中，电脑数字影像运用越来越多。数字影像文件大，一般都需经过高倍压缩。通过 MPEG 格式，数字影像文件大小可以压缩数十倍。MP3（MP4）格式和 RM 格式对影像的压缩倍数更大。

3. 电脑动画

电脑动画在形式上分二维、三维两种。二维动画就是类似于平面卡通的动画，常用于网页设计的二维动画软件有 Gif Animator、Flash。三维动画的图形在网络广告设计中能增加视觉立体效果和层次感，三维动画设计的软件常用的有 3ds Max、Maya 等。

4. 超文本

超文本是指包含与其他文件链接的文本。在网络上，超文本通常指用 HTML 语言创建的网页。超文本文字也可做成网页表格形式，层层展开。专门的网页制作软件一般都能直接生成 HTML 格式。另外，还需做到以下几点：

一是遵循广告运作的科学规律，充分领会广告主的意图。只有认真学习网页广告设计的具体知识，了解相关设计环境、计算机应用程序，掌握常用的软件以及设计技巧，才能够制作出符合要求的优秀设计作品。

二是把握网络广告设计的视觉艺术规律，对于网页的设计流程、页面的风格设计、页面版式设计有较好的基本功，对于网络广告中的文字、图像、动画、声音元素能灵活使用，并较好地整合，还要保持广告设计与整体网站风格的一致性。

三是把握网络广告国际性的特点，照顾到不同民族和国家的审美习惯，做到通俗不庸俗，以情动人。

四是把握网络广告互动性的特点，争取具有较高的点击率。

五是制作具有情节的动态画面，容易吸引网友的注意力和好奇心，达到更好的广告效果。

六是事实的说服力，利用网络平台易于展示的特点，以实物和事实表现广告。

七是重视传统文化的影响力，宣传良好的社会道德风尚。

八是遵循网页制作的科学规范。图像大小、字体规格、色彩设置等，在制作过程中按网页设计的标准执行。

第五章　数字媒体时代广告的创意和设计

　　新颖独特的广告创意是广告设计魅力的根本所在，广告中创意新奇的点子就是吸引消费人群的钥匙。所以，广告创意在广告设计过程中扮演着重要的角色。本章内容为数字媒体时代广告的创意和设计，分为三部分内容，依次是网络广告的发展、数字媒体下的广告创意、数字媒体下的广告设计。

第一节 网络广告的发展

一、网络广告的诞生

（一）标志事件

20世纪90年代，人类踏入互联网时代，数字媒体成为一种新的信息传播媒介，其地位不亚于语言、文字和电子技术。数字媒体的兴起彻底颠覆了人们的生活方式，同时也对传统广告产生了深刻而广泛的影响。

1994年10月27日是世界网络广告史上具有划时代意义的一天。这是一个让全球广告界人士为之振奋和激动的日子。在这一天，备受瞩目的美国杂志《Hot wired》发布了一份网络版的内容，并在其网站上推出了广告界第一则网络广告，网站主页上有AT&.T（美国电报电话公司）等14家广告客户的网页广告。AT&.T公司的广告语是"Have you ever clicked your mouse right HEREP → YOU WILL"。这标志着网络广告的诞生。此后，广告主和受众逐渐接受了这种新的广告形式。

（二）内涵与本质

1. 网络广告的内涵

网络广告是广告的一种，是一种高科技的广告运作方式，通过利用网站上的广告横幅、文本链接、多媒体等多种手段，在互联网上发布或刊登广告，以此向互联网用户传递信息。

简单来说，以互联网为载体，发布的图文或多媒体形式的营利性商业广告或非营利性的公益广告就是网络广告，可以是有偿的也可以是无偿的。

在英语中，广告称为 advertising，简称 AD。网络广告一般被称为 Net AD（internet advertising）。由于网站广告的盛行，大家也把 Web AD 这个词当作网络广告的代名词，在英文中称为 network advertising 或 online advertising。

一般来说，网络广告的含义可以分广义和狭义两种。广义的网络广告指一切基于网络技术传播信息的过程与方法，包括公益性信息、企业的商品信息及企业自身的互联网域名、网站、网页等；狭义的网络广告可以认为是有广告需求的企业或个人通过付费的形式在网络上发布并传播有关自身利益的信息，这种信息传播有多种形式，可以是图像和文字，也可以是影像和动画，这是一种交互式商业信息传播形式。

2. 网络广告的本质

网络广告的种类繁多，不仅限于各种规格的旗帜广告、电子邮件广告、搜索引擎关键词广告等，社交媒体广告、网络视频贴片广告等也都是常见的网络广告形式。在网络营销领域，网络广告已成为最为重要的推广手段之一，其地位举足轻重，是经济市场不可或缺的一部分。相较于报纸、杂志、电视、广播、户外这五大传统的传播媒介广告，网络广告因其自身的突出优势在网络营销市场中争得了有利地位。

与一般商业广告一样，网络广告主要分企业形象广告和产品广告两大类，这两类广告都是为了产品促销——拉动终端销售这一根本目的。

（1）网络广告需要依附于有价值的信息和服务载体

为了获取有价值的信息，用户经常会使用网页、电子邮件或其他有价值的网络服务工具来浏览和阅读所需内容。网络广告的存在与服务载体是密不可分的，可以说网络广告依赖于这些载体。要想实现网络广告的营销目标，就要有这些载体的支持。网络广告作为一种新的网络传播形式，其作用不仅在于提供广告发布平台，更重要的是通过这种媒体使广告主或消费者获得某种利益或满足某些需要。网络广告的存在价值与用户获取信息的行为密切相关，因此，必须具有高度的针对性，否则广告将失去其存在的意义。网络广告的成效并非单纯由其本身所决定，而是与其所处的环境和所依附的媒介息息相关，也就是网络广告与这些媒介之间的相互契合程度。由此可以得知，某些网络广告形式的高点击率，如搜索引擎关键词广告和电子邮件广告等的根本原因在于它的高点击率与一般旗帜广告和按钮广告的持续下降形成了鲜明的对比。

（2）网络广告的核心思想在于引起用户的关注和点击

由于网络广告所承载的信息有限，因此其单独承担直接销售产品的职责并不容易实现。用户的浏览和点击是网络广告效应的直接体现，也是核心理念的表现形式。网络广告传递的营销信息,更倾向于一种信息引导,因此,这类广告经常出现在用户容易发现的位置,以此来获得关注,搜索引擎中广告信息的向导作用与此类似。作为可衡量的指标,广告的最终回报率与它有着紧密的关系,但也并非一一对应的关系,网络广告的效果并不一定需要点击才能实现,浏览者即使不点击也能转化出相应的结果。因此,要想知晓网络广告精确的宣传效果是较困难的,尤其是对于那些以纯文本形式呈现的电子邮件广告等网络广告形式,更是难以估测。

(3)网络广告体现用户、广告客户和网络媒体三者之间的互动关系

网络广告之所以被称为交互式广告,是因为它具有较强的交互性。网络广告交互性的讨论需要以用户的行为为标准,如用户可以根据媒体广告中的情境进行选择,在使用即时信息广告时,可以直接与工作人员进行沟通。但是,这些交互行为并没有从本质上反映出网络广告完整的交互意义。用户、广告客户和网络媒体之间的互动关系才是网络广告真正意义上的交互性,在这三者中,网络媒体为广告用户提供网络广告环境和资源,广告用户可以自行选择广告的投放、更换、效果管理和监测,在终端的用户可以按照自己的兴趣选择广告的信息和形式。这三者之间良好的关系是创建和谐网络广告环境的基础,有了这个基础,各大企业才会采取网络广告这种营销策略,在市场中才能显现出网络广告的价值所在。

二、网络广告的快速发展

(一)阶段性

1999年,在第46届国际广告节上,网络广告被评为继平面广告和影视媒体广告之后的新型广告形式。全球互联网广告进入快速发展时期。

中国的网络广告开始于1997年3月,IBM、Intel等世界著名IT公司在ChinaByte.com上发布网络广告。其中,IIM公司为宣传其新产品AS/400支付了3000美元的广告费。这是中国第一个网络广告,开创了中国互联网广告的先河。此后的两年时间里,许多跨国公司和国内企业开始意识到网络广告隐藏的商机,中国的网络广告市场进入迅速增长期。

2004—2005年,互联网产业迎来了大批资金投入的热潮,大多数互联网公

司的经营状况有了好转，网络广告市场进入井喷式增长期，平均年增长率在70%以上。

2005年，网络广告市场规模为31.3亿元，比上一年增长76.8%，超过杂志广告收入（18亿元）和报刊广播广告收入（34亿元），中国网络广告实现了跨越式发展。2006—2007年，中国网络广告市场继续保持快速增长势头，2007年与2006年相比，收入增长了75%，网络广告市场呈现出稳步增长和异彩纷呈的特点。

2009年，中国广告市场互联网广告收入近200亿元，超越户外广告收入。2012年，中国网络广告收入迅速发展到420余亿元，超越报纸媒体，成为中国市场上第二大广告媒介。网络广告收入已是各网站的主要收入来源。在纳斯达克上市的几家中国网络门户公司中，网络广告收入占到总收入的50%以上，部分公司甚至达到70%以上。

经过20多年的发展，在互联网技术的支持下，网络广告已经成了最受欢迎的广告形式，越来越多的广告主在广告预算上开始向网络广告倾斜。随着互联网在人们日常生活中的不断渗透，网络广告这块蛋糕将会越来越大。

网络广告作为实施现代营销媒体战略的重要部分，其兴起和发展是与互联网的迅速发展，特别是电子商务的出现紧密联系在一起的。

（二）主要类型

1. 旗帜广告

旗帜广告（banner）又叫"通栏广告""横幅广告"，是目前全球网络广告的主要形式。网络媒体在页面中分割出一定尺寸的画面（视各媒体的版面规划而定）发布广告，因其像一面旗帜，故称为旗帜广告。最常用的旗帜广告尺寸是468像素×60（或80）像素、234像素×60像素。

旗帜广告是以GIF、JPG等多种格式为基础建立图像文件，将其定位于网页中，交互作用的体现则需要Java等编程语言提供技术支持，再使用Shock Wave等插件工具来增强图像的表现力。企业用户可以利用旗帜广告的形式，以简洁明了的方式为产品或公司形象做宣传。旗帜广告通常以跳动动画或闪烁霓虹灯的形式出现，这是为了吸引更多用户的注意并以此提高点击率。

2. 按钮广告

按钮广告（button）是网络广告中出现最早和最常见的形式，通常表现为一个公司的标志（logo），实则是一个通过点击可以链接到公司主页或站点的链接。公司标志嵌在网页中，由网络浏览者主动点选。最常用的按钮广告尺寸有以下四种：125 像素 × 125 像素（方形按钮）、120 像素 × 90 像素、120 像素 × 60 像素和 88 像素 × 31 像素。由于尺寸偏小，内容有限，所以按钮广告的表现手法也较简单。

3. 插播广告

插播广告是在某一网站或栏目出现之前，播放与这个网站或栏目相关的广告，一般以浏览视窗的形式展现。插播广告出现在访客等待网页下载的空当，主要分为以下两种：一种是弹出窗口（pop-up），一般出现在网站的页面上；另一种是背投广告（pop-under），一般出现在网站页面窗口之后。

4. 新流媒体广告

新流媒体广告（new media ad）的位置通常在网站页面的左侧或右侧，可以自由播放由多媒体技术制作的视频、音频与 Flash 相结合的文件，播放的画面可以悬浮在打开的网站页面之上。这种广告信息量丰富、形式多变，具有强烈的感染力。若点击关闭按钮，广告可以隐藏在页面的一侧。

5. 浮动标识

浮动标识（floating logo）悬浮于网站页面的左下角或右下角，一般是产品图片或企业 logo，会随页面的拉动而浮动。

6. 赞助式广告

赞助式广告（sponsorship ad）形式多样，有内容赞助式广告、节目赞助式广告、竞赛和推广式赞助广告等。广告主可根据自己感兴趣的网站内容或网站节目进行赞助，或者与网站一起合办受众可能感兴趣的时效性网站，如世界杯网站，并在该类时效性网站举办网上竞赛或发布推广式广告。

7. 电子邮件广告

广告主或广告代理机构通过各种途径搜集到目标消费者的电子邮箱地址，将广告信息以邮件的形式发送到目标消费者的邮箱中，这种广告形式就叫电子邮件广告（e-mail ad）。因为可以无限复制，而且获取邮箱地址的费用较为低廉，所以电子邮件广告成本较低。

8. 互动游戏广告

在游戏的起始、中途或结尾随时插入的广告就是互动游戏广告（interactive game ad），一般是为某一产品量身定做的，以满足广告主的个性化需求。互动游戏广告形式多样，例如，在游戏界面中的扑克牌背面植入赞助商的商标。这一广告形式融信息于乐趣中，使娱乐和广告得到平衡。

由于网络技术飞速发展，因此网络广告的表现形式不断翻新。现在，很多大网站除了使用常见的旗帜广告和按钮广告外，还使用很多新形式的广告，如基于多媒体技术的飞行精灵、幻影跟随、鼠标跟随、浮动层广告、震动按钮广告和下拉式旗帜广告等。

三、网络广告的构成与传播

（一）网络广告的构成要素

在传播学领域中，传播学者哈罗德·拉斯韦尔提出了传播五要素的概念，即传播者（Who）、传播内容（Says What）、传播渠道（in Which Channel）、传播对象（to Whom）和传播效果（with What Effect）。广告作为一种付费的传播过程，同样具有这五个要素，具体表现为广告主、广告信息、广告媒介、广告受众和广告效果。

1. 广告主

网络广告的广告主就是通过网络渠道发布广告信息的机构或个人。没有广告主，整个广告活动就失去了价值。因为媒介资源昂贵，在传统广告时代广告主大多为企业，而网络广告的广告主既有大企业大品牌，又有小企业，甚至是个人。

目前，投放网络广告的各大行业包括房地产、食品饮料、交通、网络服务、日用品、金融服务、IT产品、娱乐休闲、医疗服务、零售服务行业等。根据艾瑞咨询发布的《2015年网络广告行业年度监测报告》，2014年，展示类广告的广告主前三名分别为交通行业、房地产行业和食品饮料行业。

2. 广告信息

广告信息指广告主通过广告传递给受众的内容信息。一般与企业品牌形象或产品相关，包括产品信息、服务信息、观念信息等。广告主的营销目标不同，所传达的广告信息的内容就不同。在新产品上市推广或为了促进销量时，广告信息主要是介绍产品的功能，通过塑造广告场景传授受众使用知识。而当企业进入发展成熟期后，为了维护企业知名度和美誉度，也会投放企业形象宣传广告。此外，有些特殊行业，比如，烟酒行业，它们的广告信息则更多地围绕品牌文化进行宣传。

同时，广告信息需要考虑受众的接受程度，在双方都能理解的基础上清晰明了地展示。

网络广告信息受限相对较少，通过运用多种广告形式，受众可以在相对较长的时间和较大的空间内接收并理解广告信息。

3. 广告媒介

"传播意义上的媒介指传播信息符号的物质实体。"[①] 广告媒介则指广告传播所采用的媒体渠道，即信息传递的载体。

按照传播介质的不同，媒介可分为印刷媒介、电波媒介和其他媒介。传播媒介经历了"符号媒介——手抄媒介——印刷媒介——电子媒介——网络媒介"的发展历程。按照传播活动中的作用可分为人际传播媒介、组织传播媒介、大众传播媒介。在传统时代，电视、广播、报纸、杂志是大众传播媒介，而互联网的出现则模糊了人际传播媒介、组织传播媒介和大众传播媒介的边界。

网络广告的广告媒介是网络。脱离了网络，也就没有网络广告传播。网络为广告传播搭建了一个极其宽广的平台，连接广告主与屏幕前数以亿计的受众群体。

4. 广告受众

广告受众即广告主所设想的广告信息内容的接收者。在营销活动中主要表现为目标消费者。而网络技术决定了网络广告的受众是上网的人群——网民。但互联网的海量内容及不同的进入路径意味着广告受众在网络中存在分流，这一点在很大程度上有别于传统广告。广告受众和目标消费者有一定的契合度。

5. 广告效果

广告效果指在特定时期内广告所取得的结果，以及与预定目标的距离。衡量一则广告的效果并不是仅仅看广告的到达率或广告前后的销售量增幅，因为广告

---

① 胡正荣. 传播学总论 [M]. 北京：北京广播学院出版社，2004.

的目标是多层次的，所以有时候还要看广告是否能提高企业和产品（品牌）的知名度、信任度，是否能更新顾客的观念，增进沟通和理解，是否能产生远期的效果等。

网络广告的互动性、多媒体性使广告信息的传达更为生动多样，传播效果也得到了深化。广告效果的衡量一般有以下三个维度：注意、到达和行动。首先，广告受众是否接触到网络广告；其次，受众是否理解、接受广告信息；最后，受众是否进行下一步购买行为。网络广告有其准确、及时的优势，能对广告受众进行直接监测。同时，网络广告效果评测更为客观、公正，无须人员的参与。

（二）网络广告特征

1. 传播内容丰富

在网络传播中，广告主可以使用文字、图片、声音、视频等多种形式向受众传递广告信息，对受众的视觉、听觉进行多重调用和刺激，产生全方位、立体式的传播体验。

2. 传播范围广泛

覆盖更多的人群是所有广告主的梦想。电视、报纸、广播在大众传播时代所实现的覆盖量被互联网时代轻松地超越。

3. 传播过程双向互动

网络的快速实时性使广告在展示的同时就能提供给受众互动的机会。可以与客服人员进行线上咨询、交流，可以评论，留言自己的感想。

4. 传播时效性强

所编即所见的实时性赋予网络广告即时、快速、传播的优势。在一些特殊事件发生时，广告主需要作出及时、有效的回应，网络传播就成为最佳的方式。在必要的时候，网络广告可以做到 24 小时随时更新，将网络传播的实时性发挥到了极致。

5. 传播易保存

数字信息的方便存储赋予了网络广告易留存的特点。无论是文字信息还是图片画面，甚至是动态视频，都可以用数字化方式保存到个人电脑空间中。不仅不占用任何实体空间，同时强大的信息检索功能还可以让受众随时随地调取查看，并有机会在日后进行二次传播。

（三）网络广告传播价值

1. 受众群体扩大

借助互联网的传播，网络广告的受众群体空前壮大。作为一个全球性的媒体，网络内容覆盖的人群超越以往任何一种单纯的媒介。同时，互联网的网络结构也决定了网络传播的价值呈现指数型增长。每一位受众都可能成为信息的二次传播者，广告的传播范围在互联网上发挥到极致。

2. 传播效果优化

互联网双向互动的特性使网络广告借助多媒体，受众对传播内容的兴趣剧增，传播效果也得到增强。受众以高参与感融入广告传播活动中。

3. 传受者关系增强

传播过程中存在两个重要的主体，即传播者和受众，体现在网络广告中则为广告主和目标消费者。

广告在传播中，传播者和受众则是双向互动式的传播。每位受众不仅能直接接收到广告主传递的信息，还能利用其他途径与广告主进行沟通、交流。一方面，广告主知晓受众的态度、反应，可以适时对传播内容作出相应的调整；另一方面，受众直接与广告主互动，获取的信息更详尽，传播效果更强。

第二节 数字媒体下的广告创意

一、数字媒体的概念

（一）基于数字技术而来的数字媒体

以数字技术为基础的互联网媒体诞生后，人们习惯地称之为新媒体。实际上，新媒体与数字媒体是两个既有联系又相互区别的概念。1998年5月，在联合国新闻委员会年会上首次提出了"新媒体"这一概念，指的是在当时被称为"第四媒体"的互联网媒介，它是在传统纸媒、广播和电视之后出现的第四种大众传播媒体。在此后的时间里，"新媒体"这一概念逐渐成为传播学、艺术设计和传媒等领域内广泛应用的术语。

以数字化的方式记录、处理、传播、获取信息的媒介就是数字媒体，包括文字、图像、声音和影像以及一些编码技术体等，还有一些用以存储、传播、展示逻辑媒体的实物载体。

《2005中国数字媒体技术发展白皮书》（以下简称《白皮书》）是由科技部于2005年12月26日发布的关于数字媒体的指导性文件，关于数字媒体的理解，文中给出如下界定：数字媒体是数字化内容作品，它的主要传播媒介是现代网络，以完善的服务体系为支持，分发给终端用户供其消费的过程。数字媒体一般被认为是以数字技术为基础的媒体，如数字计算机、数字网络等媒体。由此看出，新媒体的范围更为广泛，主要强调的是应用层面，而数字媒体概念仅涵盖数字技术媒体，主要强调的是技术层面。

（二）数字媒体应用于艺术领域

从广义上来说，用数字媒体技术进行艺术创作的艺术形式都可以视为数字媒体艺术。这层定义中包含了传统艺术与数字媒体技术处理或生成的艺术作品，如数字电影、数字音乐、数字绘画等，以及完全基于数字媒体技术和数字媒介平台制作并传播的艺术作品，如网络多媒体艺术作品、数字游戏艺术作品、数字互动艺术作品等，这些数字媒体艺术作品具有其自身独特的艺术语言和艺术样式。它们共同构成了广义的数字媒体艺术概念的外延。

如果从狭义角度对数字媒体艺术作出界定，那么在数字时代真正具有独立艺术特征的数字媒体艺术固然是完全依靠数字媒体技术完成的艺术创作和艺术呈现，广义概念中"数字化的传统艺术"并非狭义数字媒体艺术的概念范畴。在这里的数字媒体艺术是一种以数字媒体作为媒介载体、以数字技术作为表现手法，在吸取、融合了传统艺术语言的同时又具有其独特的艺术语言，通过数字时代全新的传播方式与审美途径而完成的革新性变化的新型艺术形式。数字技术是艺术创作主体的主要手段，交互式是审美主体对艺术作品进行欣赏和体验的一般方式，狭义的数字媒体艺术是遵从自身艺术创作规律的崭新艺术类型。

从艺术创作的角度来看，数字媒体艺术的出现对艺术的创作、传播及美学构建等各阶段都带来了一场革新。它影响并改变了多种艺术类型，不仅使影视艺术成为当今最具有大众性的艺术类型，同时其中许多表现形式和传播方式也将影响到其他艺术门类。

数字技术为更多艺术的创作提供了丰富的手段，为艺术形式的表达提供了新的平台，在数字媒体艺术的全新艺术表现形式诞生的同时，也使传统艺术焕发新的活力。例如，中国水墨画的传统艺术转型，在数字动画中融入中国水墨的这种独到的艺术形式，将传统中国绘画中的意境之美灵动地展现于一幅活动画面中。水墨动画的风格在如今数字技术的神奇魔力下，展开了数字化的发展之旅，在影视作品的艺术创作中赢得了更多的关注和青睐。在简约清淡、飘逸传神的东方艺术的审美风格中，隐藏着娴熟自如的数字技术，这何尝不是一次艺术与技术的完美结合，这又如何不是借助数字技术凸显人文情怀。

因此，人们对于数字媒体艺术的定性是毋庸置疑的，它的样式复杂多变，但其实质依然遵循艺术的创作规律。而以数字技术为基础开创的全新艺术形式，如电脑动画技术影像艺术、网络多媒体艺术、数字游戏艺术、虚拟现实艺术等，在创作中以数字媒体技术为核心手段和技术支持，根据审美主体的需求和艺术设计的规律来进行创作和表现，借力于数字媒体时空，延伸和发展了人类艺术的创造力和想象力。从艺术创作的角度来说，数字媒体艺术的全新形态提升了艺术的表现力，在创作上带来了焕然一新的形式和无限的可能性。

二、数字媒体在广告中的运用

（一）广告与广告媒介的共同目标

1. 提高品牌知名度

很多新品牌在上市之初，往往先借助广告来提升知名度，这已经成为众多企业主的共识。因此，在新产品的导入期，广告媒介策略也应该注重提高品牌的知名度，发挥广告提高知名度这个功能。

以提高品牌知名度为目标的广告媒介策略，应该注意以下几点：在媒介选择方面，应该注意选择一些覆盖面广、收视率（发行量）高的媒介，这样才能借助媒介本身的力量提升广告的到达率；在制定媒介的发布频次上，应该注意在企业实力、广告预算允许的情况下，提高广告的发布频次，增加广告与受众的接触机会。另外，在选择广告发布时间或者版面时，应该选择收视率比较高的时段或者阅读率比较高的版面，在该时段或版面发布的广告被受众接触到的机会比较大，接触的范围也比较广，因此，有利于提高品牌的知名度。

2. 提升品牌形象

当产品或者品牌被认知和识别之后，进一步地提升品牌形象的要求就产生了。提升品牌形象、塑造个性品牌，这是众多企业的战略目标，也是当今企业竞争的一个焦点。为了更好地服务于这个企业目标，在制定广告媒介策略时，也要有意识地通过媒介发布进行有效配合。在制定媒介策略时，应该注意以下几点：在选择媒介方面，应该选择一些权威性高、口碑好、形象好的媒介。在品牌形象良好的媒介上刊播广告，由于受众对媒介的认可和信任，也会对媒介上刊播的广告产生信任感。同时，在刊播广告时，还要考虑广告投放的环境，应该参看一下与本广告一起投放的其他广告的企业形象。通常来讲，如果其他广告的企业形象都比较好，受众也会对本广告产生好感和信任。

3. 支援促销活动

在品牌成长的过程中，除了根据产品的不同生命周期制定相应的广告媒介策略之外，还需要应时而动，在一些特殊的时间制定相应的广告目标以及媒介策略。比如，面临周年庆典活动时，面临销售旺季时，面临改良产品上市时，面临重大节日销售时机时……企业就需要抓住时机，推动产品销售。为了促成这一目的，广告可以给予充分的配合和支援。

利用广告支援促销活动，在选择媒介方面应该注意以下几点：第一，因为促销活动的时间安排通常比较灵活，所以应该选择灵活性比较强的媒介，比如，报纸、广播或者售点广告。这样，媒介可以迎合促销活动的时间作出非常迅速的调整，真正做到利用媒介广告声援促销活动。第二，应该选择覆盖面比较广、关注度比较高的媒介。因为促销活动往往是在一个比较短的时间里集中进行的，所以要通过媒介上的广告把促销活动和促销信息在最短的时间内传送给最广大的目标受众。第三，应该选择一些针对性比较强的媒介。针对促销活动的产品的目标消费者选择相应的媒介，争取媒介的受众能够和产品的目标消费者最大限度地吻合。这样可以最有效地传达促销活动的信息，让广告切实为促销活动服务。

4.优化品牌竞争策略

在品牌发展的过程中，我们不仅要关注品牌自身的生命周期和各种影响因素，还需要了解竞争对手的情况，包括他们的广告创意和媒介发布策略。这样，我们才能更好地理解市场环境，从而制定出更有效的品牌发展策略。

为了建立强大的品牌形象，我们需要有针对性地制定策略，以优化我们的市场表现。在这个过程中，广告是一种非常有效的工具。

在利用广告优化品牌竞争策略时，我们需要注意以下几点：首先，我们需要根据竞争对手的情况来选择合适的媒介种类。如果我们的品牌实力较强，我们可以选择与竞争对手相同的媒介，如电视；如果我们的品牌实力相对较弱，我们可以选择与竞争对手不同的媒介。其次，我们在安排媒介发布的频次时，也需要考虑品牌的实力。如果我们的品牌实力较强，我们可以选择更密集的媒介发布策略；如果我们的品牌实力有限，我们可以选择较为疏松的发布频次。最后，在选择发布时间时，我们也需要考虑竞争对手的发布时间。如果我们选择与竞争对手正面竞争，我们可以选择与竞争对手相同的发布时间；如果我们的品牌实力有限，我们可以选择在竞争对手的广告发布高峰时段之外的时间发布广告。

（二）广告与数字媒体的结合运用

1.数字媒体作为媒体本身的基本作用

媒体是承载广告信息的传播平台，不管是定向传播还是网状传播，受众都需要从广告中了解产品。媒体通过广告业务将产品推介给广大受众也是其基本的功能。以互联网为基础的网络媒体天生具有大众传播的功能：一是可以利用高科技进行精准传播；二是其形式丰富多样，给受众提供了多样的选择性，因而更受用户喜欢；三是数字媒体也具备其他广告媒体所具备的适应性强的功能，数字媒体本身就是广告运用的一部分，是产品与消费者之间的桥梁，广告效果的实现有赖于产品与消费者见面并建立联系。

2. 数字媒体在广告运用中的"新"作用

数字媒体在广告运用中具有不可比拟的"新"优势，依赖现代科技的进步，数字媒体已经变得无处不在，所有的传统媒体形式都可以通过科学技术植入到移动互联网以及手机媒体中，读者可以随时随地阅读数字杂志、数字报纸，收听数字广播，接收手机短信，观看数字电影。数字化已经深入我们生活的每一个角落，家庭、学校、宾馆、酒店、公交车、地铁、咖啡馆、娱乐场所，几乎我们生活和消费的每一个场所都能通过移动通信接收到广告信息。数字媒体的广告形式丰富，在传播方面具有互动性强、传播速度快、覆盖率高、受众主动接收等特性，因此，数字媒体在广告运用中又起着特殊的作用。对企业来讲，这种价值是非常宝贵的，因为数字媒体的广告宣传能为企业吸引更多的潜在顾客。数字媒体不仅成本低，而且覆盖面广，基本上可以达到从大众到小众的全覆盖。

3. 数字媒体在广告运用中的融合作用

数字媒体除了具有传统媒体已经具备的传递信息的桥梁作用外，还能够以极其强大的融合功能参与和影响企业宣传战略的制定。在传统媒体的广告传播中，主要利用消费者无法避开大众传媒的机会，单向地将广告信息强制传给消费者。数字媒体的突出特征就是与受众的互动性强，受众及消费者不但可以直接接收数字媒体的广告信息，而且还可以从其他途径间接接收数字媒体的广告信息，并且利用发达的移动互联网及手机、个人计算机等直接、迅速地对广告作出反馈，使广告信息的反馈渠道大大拓宽。受众在接收广告信息后，立刻可以通过关键字、超链接等方法查询商品的局部特征，从而了解整个商品的完整性能，进而延伸到对整个品牌形象及完整的企业信息的了解。

数字媒体广告的发布要有一定的战略思维，将整合营销传播（IMC）所包含的各种信息融合在一起，以实现营销的目标。可以采用一些低成本、小众灵活的数字媒体形式，以满足用户的多样化需求，如建设普通的企业形象信息网站、销售商网站等，或者结合手机媒体进行宣传，企业既可以达到眼前的促销功效，还具有从长远建设品牌形象的意义。在数字信息技术日益发达的今天，通过这样的信息服务整合，可以使消费者对信息的反馈成为一种真正意义上的双向沟通行为，使消费真正参与到互动的环节中。所以，在数字媒体的参与下，消费者的信息反馈也将成为广告运用中的重要环节。

三、数字媒体广告创意表现

（一）研究数字媒体广告的现实意义

研究数字媒体广告对广告公司、广告从业者以及广告受众都有不同的意义。对广告公司来说，数字媒体广告为广告公司提供了更为方便、快捷、低成本、参与程度高等多元化广告投放渠道。随着科技的进步及媒介形态的不断演变，人们逐渐被数字媒体包围，对数字媒体的方便快捷性越来越热衷，越来越认可。受众的需求使得广告公司不断将广告资本投放向数字媒体倾斜。研究数字媒体广告，对广告公司来讲，增加了广告投放的选择，使广告预算更为合理。因此，深入探究数字媒体广告的本质，有助于广告公司更加全面地理解数字媒体广告，从而在成本节约的前提下更有效地推广产品和服务。

数字媒体的蓬勃发展为广告从业者提供了更为高效的传播媒介和前所未有的市场空间，使其能够充分发挥广告才能进行广告创意，并扩大广告传播范围。

对于受众来讲，当前随着生活节奏逐渐加快，人们的生活规律被打乱，块状阅读时间越来越少，时间被碎化。一方面，数字媒体广告正好赶上了这一趋势，分众传媒大行其道，数字媒体广告无处不在，满足了受众随时随地接收广告的需求；另一方面，由于移动通信及移动互联网越来越便利，受众寻找自己所需的广告也因为数字媒体的诞生变得异常方便，他们不需要在固定的时间等待传统媒体那样的定时播放，而是随手就可以通过数字媒体寻找或发布广告，其选择性和自由度越来越高。因此，受众在数字媒体广告中的地位也有了前所未有的提升。研究数字媒体广告，就是要研究怎样能在尊重受众自主性的前提下满足他们对广告信息的需求，合理诱发消费者的消费欲望，并促成产品成交。

（二）数字技术与广告创意的结合

随着数字技术和网络技术的不断发展，新兴的媒介形态不断扩大，广告行业正在迎来一场以数字为核心的创新革命。AR（增强现实）、二维码、LBS（基于位置服务）、NFC（近场通信）等数字媒体应用技术的革新，给数字媒体广告带来了新的变现方式，通过整合、利用新技术，使越来越多的广告创意得以实现更强的互动体验。媒介在技术的推动下跨越了界限，为创意和设计提供了更为广泛和优越的现实基础。

在广告创意中，这种技术也已经得到了广泛应用，这时需要思考的问题就是如何让一项成熟的技术体现出新鲜感和趣味感。如今的数字技术发展迅猛，更新迭代快速，我们必须认识到，技术是一种创造价值的工具，对于从事创意设计的人来说，只有充分了解各项新技术，并赋予技术感情，才能让创意服务于人，而不是人被技术左右。

创意与技术的结合推进广告的创新。数字媒体信息环境变化剧烈，广告行业在这种大环境下要经历从产业资本主义到数字资本主义的深刻变革，在掌握本质之后继续积极探索。未来广告创意思路的演变，依然需要以洞察人心为基础，通过创意与技术的融合，激发出人们的兴趣，利用互动体验创造话题，与生活者共同创造价值，让人们在广告中发现快乐和幸福，这对推动社会发展、体现广告的根本价值至关重要。

（三）数字媒体助推广告创意升级

以媒介为视角观察当今的广告行业可以发现，广告已经拥有了空前丰富的载体和形式。广告传播的成功不仅取决于策划和制作等方面的因素，还受到承载广告创意媒体的重要影响，主要是因为广告作用的发挥离不开媒体的支持。如果将电视广告创意用于网络广告中，就会因为网络媒体的强迫性而难以获得成效。

广告的灵魂在于创意，然而，只有在实体的支撑下，才能充分展现其吸引力。若缺乏优秀的媒介，广告价值将大打折扣。在数字媒体不断发展的环境下，广告创意价值和影响力的提高需要依赖技术的支持，要寻找一条将新兴科技与广告创意与传播结合的有效途径。

随着数字时代的到来，受众对于媒介的选择变得越来越挑剔。在新的广告环境中，广告人的一项新职责就是将更多的受众吸引到广告传播中来，将创意视为数字世界中前进的方向指引，认真听取消费者的体验和需求。为了推动广告创意的升级，广告人还要学会掌握媒体的优势，将最新的传播技术运用到广告创意的升级中去。

数字媒体的崛起为广告注入了全新的创意元素。媒介融合在数字媒体发展的推动下逐渐成为潮流，媒介之间的边界在浪潮的冲刷下逐渐模糊、消失。迄今为止，新媒体对媒介融合的积极作用是空前的，没有任何一种媒介形式能够提供像它一样方便的信息接收和自我表达空间。

数字媒介为传媒业注入了蓬勃的生机和无限的活力。广告是受数字媒体吸引的最大行业，而它又以自身独特的创意吸引着广大受众。如果能将新媒体与广告创意结合在一起，就会是一个具有十足影响力的组合。二者的融合经常会给人们带来惊喜。广告传播受到数字媒体发展的影响，获得了更多新颖的创意角度。数字技术的运用为广告带来了精准、有针对性的传播手段，使消费者与品牌之间有了近距离交流的机会，同时也为广告传播带来了无限的可能性。在当今数字化程度不断提高的社会中，抓住新媒体带来的广告发展机遇、发掘广告传播新视角是广告行业的新任务。

（四）数字媒体广告创意的多元化表现

网络媒体创意表现。以新媒体为背景的互联网传播除了是信息的载体，更是商家与消费者交流互动的平台，消费者可以通过以这一平台为支撑的创意框架进行内容填充，从而产生引人入胜的话题。目前，创意框架已经深入到产品或品牌的各方面，产品的研发、品牌的传播以及用户的使用体验，许多环节都是在统一的创意框架下进行的。

媒体创新表现。传统媒体可以将自身的媒介形态与新兴的数字技术结合，寻找新的消费者接触点，形成独具特色的产品或品牌信息传播渠道。"媒介即信息"的特质通过传统媒介的创新融合得以体现，消费者也可以以此获得前所未有的媒介互动体验。

线上与线下整合表现。消费者与品牌互动的重要前提是在数字媒体时代不断发展的互联网。在数字化时代，广告人正在探索一种更具影响力的广告传播模式，该模式将新旧媒体资源进行整合，创造出更具创意的广告效果。借助传统媒介吸引消费者的目光，再让他们通过网络平台实现与品牌之间的认知互动，这样就可以获得卓越的传播效果。数字技术的迅猛发展不仅推动了互联网的高速发展，同时也催生了数字电视、移动通信等新兴传播技术，广告界因此进入全新的发展时期。随着数字技术的不断发展，新媒体广告形态已经演化为三大体系，分别以互联网、数字电视和移动媒体为代表。以三大体系为中心，广告形式和创意发展出了许多新的特征。

网络技术的进步不断推动着广告形式的演变，互联网广告从最初的横幅广告到视频广告，再到互动广告，有着多种演变形式。现在，互联网广告已经可以实现精准定向传播。利用 Cookies 一类的网络追踪技术可以对用户基本信息进行分类、记录并保存对应的 IP 地址，通过网络广告配送技术，根据广告主的要求和产品或服务的性质，向指定类型的用户发送有针对性的广告，这就是精准（行为）定向广告。与传统的广告形式相比，定向广告的传播模式更为精准，其特点在于准确地传达信息。在当今创意传播的时代，通过对受众的消费行为进行深入分析，精准定向式广告能够有针对性地选择广告内容，并向消费者发送定向信息，从而真正实现精准而及时的传播理念。

四、数字媒体时代广告创意的发展

（一）数字媒体时代广告创意的发展历程

随着移动技术的不断发展，数字时代的移动媒体广告出现了以手机为媒介，包括短信和网站在内的多种新型广告形式。

在世界范围内，我国的手机用户拥有量高居世界第一。手机是一种集移动性、交互性、即时性和多媒体技术于一体的新兴媒体，是理性的广告发布媒体。

手机广告过去都是短信的形式，但随着 5G 时代的到来，手机的功能已经不再是简单的通信工具，而是作为一种可以视频娱乐、网上交际的掌上智能设备占据着人们的休闲时间，这得益于新的传播技术和各种智能终端的崛起。现在的智能手机有超强的数据传送能力和强大的电池续航能力，清晰的分辨率可以供人们完成各种任务，是具有极强表现力的广告媒体。为了达到最佳的广告传播效果，广告人可以根据广告内容、广告诉求以及目标受众的特征，精心构思出最适合的广告表现形式。在 5G 时代的手机广告中，我们可以实现多种类型的广告，包括但不限于文字、图片、音频、视频和互动广告。

数字媒体的优越性在于它能够实现高度互动和精准传播，在互联网和移动媒体领域，数字媒体能够充分挖掘受众的主动性，使其在互动体验中获得深刻的品牌认知。

（二）数字媒体时代广告创意的积极发展

1. 广告创意理念升级

随着数字媒体技术的不断进步，广告创意的确定从最初的市场调研、策划、客户和创意四个环节，最终演变为以创意为核心，将所有广告环节有机融合的复合型操作模式。

同时，随着新的传播技术手段不断涌现，广告创意的受众已经不再是单纯的广告信息被动接受者，而是广告信息的创意发布者，这是广告信息受众的新特点。受众广泛参与广告活动也是传统的广告消费行为模式已经发生根本性转变的重要原因。

此外，广告创意的评价标准受创意流程和受众信息的影响，加上媒体功能变革的推动，已经与从前的评价标准大不相同了。数字时代以消费者为中心的SPT（可搜索性、可参与性和可标签）已经逐渐取代了传统的注重信息表现的伯恩巴克式标准ROI（关联性、原创性、震撼性）。

面对数字媒体环境中新兴传播技术和激烈的市场竞争，广告创意人要使自己的创意触角变得更长、更灵敏，并且学会整合创意流程，这是一个前沿创意人获得成功的必经之路。新媒体的发展是建立在传统媒体之上的，而科技使创意得以实现，因此，数字媒体时代的广告活动依旧离不开创意的支持。

2. 受众彰显"中心地位"

广告的传播效果取决于其表现力是否能够吸引受众的目光，从而激发他们的购买欲望，并最终实现购买行动。在传统的大众传播环境中，广告信息的发布媒介扮演着至关重要的角色，与创意相比，这种广告模式更具适用性。传统广告创意在新媒体环境下受到了传播技术发展的极大影响。

广告传播在新的传播技术推动下，呈现出更加丰富多彩的内在含义。全新的网络互动媒介在数字技术的支持下问世，广告人面对的新问题是如何利用新技术将受众吸引到广告活动中来，并且将新媒体的优势充分发挥出来。

随着网络平台的日益开放，每个社会成员都可以利用网络发布信息。在这样的环境下，广告人已经不再局限于创意人员的范畴，任何人都能够利用身边的智能设备发布创意信息，不论是微博还是微信，都是人们展示自我、发表观点的平台。在各种技术的支持下，"人人都是创意人"的广告理念得到了充分体现。

数字媒体时代的媒体技术逐渐走向平民化，因此，生活中的每个人都能够借助互联网平台参与到广告主的创意中，共同创造品牌形象，制定产品或品牌的信息。在传播内容上，更加贴近现实生活的草根内容获得了人们的一致好评，这是话语权和个人欲望得以实现的标志，品牌更容易被消费者接受并产生消费共鸣。在新媒体环境下，广告创意的前提条件是清醒地认识消费者的角色定位，现在的消费者已经不再是单纯的被动接受者，而是创意活动的主动参与者。

（三）数字媒体时代广告创意发展思路

1. 从诉求商品价值到诉求社会根本性价值

如今的世界是高度发达的商业文明世界，广泛存在的一种现象就是商品的同质化。广告的诉求从最初的商品功能的理性诉求发展到品牌的情感诉求，再到价值观诉求，而如今，单纯的诉求商品的物质价值已经不能使消费者得到满足，企业对广告的要求更倾向于人文和社会方面的价值。

在一个稳定的、物质发达的社会中，人们更倾向于追求情感、意义等心理层面的满足感。现在越来越多的广告已经转变为有一定社会意义的广告。性能和规格不再是广告的追求目标，产品和服务所具有的情感体验成为如今广告界追求的目标，社会性和存在意义的诉求更为重要。这就要求广告能够借助创意的力量，将人与人之间的关系构建得更加紧密，以更有社会意义的服务促进社会关系的和谐发展。根据菲利普·科特勒的营销3.0理论，人的情感和心灵是独一无二的，其人格也是独一无二的，彰显着人类内在的复杂性和多样性。企业与消费者之间的交流应该超越物质层面的产品媒介，进入心灵和情感层面的互动，以实现健全人格的存在。商品的物质性不应该是广告的单一作用，应该给社会和人类带来更根本的价值，这样的沟通才能促进社会的美好发展。

2. 从注重表现到重视体验

从前的广告形式是阅读文字的理性形式，后来逐渐演变成具有视觉效果的图片阅读，现在的广告正在逐渐转变为具有游戏体验感的网络互动形式。体验的目的就是让人获得参与感。一个广告是否成功取决于它能否让消费者获得充足的体验感和参与感，消费者能否从中获得快乐与感动。

体验不仅能产生在产品层面，品牌内涵以及人文精神都是可以进行体验的层面。

值得强调的是，在当前的潮流中，虽然体验已经成为一种新的趋势，但它并不能完全替代表现的重要性。只要对画面进行深入的观察和分析就会发现，出色的视觉呈现引发情感共鸣的效果更好。

3. 消费者与专业人员共创价值

现在的消费者是主动的参与者。因此，广告人要学会将一部分权利交予消费者，让他们掌握主动权并贡献一部分内容。在网络信息传播中，消费自己创造的内容已经成为一个不可或缺的重要组成部分。当今的创作过程，更多的是由创作人员提供平台，让消费者亲自参与到创作、演出与传播的过程中。

根据实力传播在《2038：未来20年六大趋势》报告中的评估，在未来的十几年间，由消费者创作并传播的内容将在新媒体和社交媒体的支持下实现与专业团队不相上下的地位。用户所创作的内容将不再是简单的自我表达，而是包含有价值的信息和娱乐元素的创作。

第三节　数字媒体下的广告设计

一、数字媒体广告创意设计取向

（一）把握广告设计的基本原则

1. 关联性原则

关联性原则出自广告创意的 ROI 理论，是英文"Relevance、Originality、Impact"的缩写，即关联性、原创性和震撼性。这是 20 世纪 60 年代广告大师威廉·伯恩巴克为 DDB 广告公司制定的创意指南，得到了广告界的广泛认同。

关联性原则是指广告创意必须与商品、消费者、竞争者有所关联。关联性是广告目的的根本要求，也是广告与其他艺术形式相区别的本质特征，没有关联性的广告就失去了广告的意义。广告归根结底是要宣传商品，成为商品营销策略的组成部分。

2. 新颖性原则

新颖性原则就是广告创意要打破常规，出人意料，具有与众不同的吸引力。没有原创力，广告就缺乏吸引力和生命力。新颖性是广告创意本质属性的体现，是创意水准的直接标志，也是广告取得成功的重要因素。广告只有标新立异，才能吸引受众的注意力，给消费者留下深刻的印象。别具一格的表现方式往往满足了受众的好奇心，突破受众对广告抵制、厌倦的心理防线，激起他们的兴趣，去接受、理解信息。

在市场竞争激烈、受众信息超载的背景下，广告中人云亦云、平庸雷同的方式是行不通的。广告是一个创新的行业，需要不断追求创新，超越自己，超越对手，否则就会失去生存的活力。

3. 震撼性原则

震撼性原则是使广告信息发挥作用的前提和保证。它是指广告要具有强烈的视觉冲击力和心理影响力，进入到人性深处，冲击消费者的心灵，给消费者留下深刻的印象。

广告的震撼性来自广告主题的思想深度和广告表现的形式力度。广告主题要反映生活的哲理和智慧，对人们关心和感兴趣的生活现象表达出独特的态度，引起人们的思考，触动人们的情感，使人们在震惊、反思和回味中记住并重视产品的信息。广告表现形式要简洁而不简单，新颖而不平淡，醒目而不混乱，能够牵动人们的视线，撞击人们的心灵，令人久久不能忘怀。

4. 真实性原则

真实是广告的生命。只有真实的广告，才是好广告。这就要求广告的创意策划以真实为依据，建立在真实的基础上。它包括以下两个方面的内容：首先，广告必须有一说一，不能凭空捏造，子虚乌有；其次，广告是经过艺术加工的事实，可以适度夸张，但要注意艺术加工与事实本身的关系。

5. 简洁性原则

简洁性原则就是使广告创意单纯、明了，直切主题。这样才能使广告主题给受众留下深刻的印象。若是广告信息复杂，反而会使它没有中心意念，没有诉求重点，也就没有个性。广告传达内容繁杂，信息模糊不清，往往造成视听者的逆反、抗拒心理，难以完成有效沟通。所以，广告创意切忌堆砌信息、画蛇添足，要紧紧围绕中心意念展开，不枝不蔓，一线到底。

6. 可执行性原则

可执行性原则就是广告创意要具有在制作流程中得到实施的可能性以及经费投入的许可性。可执行性是广告创意目的得以最终实现的重要条件。可执行性涉及两方面问题：一是想法在制作过程中能否得到完整的实现，二是在时间和经费上是否允许将想法实现出来。

对创意的执行能力是衡量广告公司专业水平的重要标准。创意和制作就像口才和写作能力，一个口才很好的人并不一定能写漂亮的文章，制作水平也常常成为制约广告效果的因素。

创意要考虑经费和时间因素。没有充足的经费和时间作保证，想法的实现就会受到限制。假如确实存在这两方面的问题，就没有必要强求立足现有的条件做创意。

（二）体现广告设计的艺术价值

虽然广告设计不是一门纯粹的艺术，但广告需要以艺术的方式处理设计图形中的点、线、面、体、空间的审美因素，要把广告文案的抽象内容变为具体形象，作用于人们的视觉，这样运用一定的艺术表现手法，目的是既传达广告信息，又满足人们的审美要求。

广告设计是在美学理论的指导下进行的：广告美学理论——研究广告在构想、表现中美的规律性问题；广告美学规律——指导广告设计艺术实践，帮助广告设计者认识广告设计美的发展规律，对提高设计者审美观，研究主次有序、虚实相生、以少胜多、干练凝重、生动活泼等含义有着重要作用。

广告美学所追求的美是一种真实的美。求真是设计的本质，真实再现商品特点，使消费者对商品产生兴趣，而这种真实又是从生活中提炼出来的，不像其他艺术创作允许虚构，只是比生活原型更理想化，更具典型性。真实美是通过艺术方式来实现的。广告设计中运用艺术手段塑造商品形象，利用画面美突出商品形象，营造氛围，使受众在美的享受中接受商品信息。广告设计师通过高超的艺术手法将抽象的广告主题形象化，将广告的各种构成要素合理配置，使广告产生美的感染力，从而吸引消费者眼球，达到促销和传播的目的。

但是，广告设计与艺术创作是存在区别的：艺术创作是非常个人化的创作，是艺术家个性的表现，而广告设计是为了向大众传播商品和服务信息，其实质是一种市场行为；广告设计的目的是使受众能普遍而迅速地理解，而艺术创作并不特别注重观众的普遍接受度，尤其希望观众能对其进行细细品味。而后者是广告设计与艺术创作更为重要的区别，因此，审美形式的大众化就成为受众普遍接受广告设计作品信息的前提。

二、数字媒体下广告创意设计要素

（一）广告文案的撰写技巧

构思一篇精彩的广告文案是许多广告从业人员梦寐以求的事，但不少人都认为好的广告文案"可遇不可求"。实际上，写好一篇文案并非想象的那般高深莫测，仍然有很多诀窍可循。

要消化产品与市场调查的资料，然后用简洁的语言将产品描述下来，这几十个字要包括产品的特点、功能、目标消费群、精神享受四个方面的内容。

要明确广告主投入广告的目的是提升企业知名度、增强产品美誉度，也是与产品促销活动相辅相成，共同推动销售量增长。还要明确广告的目标受众，以及受众的群体特点和个性特征。然后是文案在整个广告中的作用，也就是品牌构造。接下来是广告文案的传播媒介，报纸、广播、电视和网络都是可选项。在广告媒介组合和媒介运用策略中，需要考虑到平面广告的版面规格和时间限制，以确保广告效果最大化。在广告策划和广告计划中，广告文案的完成时间和发布时间的确定也是至关重要的。

要重视对消费者的承诺。消费者是很看重这一点的。有的消费者就只冲着那些广告中有承诺的商品购买。同时要确定一个核心创意，也叫大点子、大创意（big idea）。这个核心创意一要很单纯，二要具有震撼性。要懂得讲事实，不要装腔作势；贴近消费者，注入真实的感情。列举关于产品功能、质量、特点的强有力的事实依据，往往胜过一句凭空自夸。文案要有节奏感。文案的正文是有或长或短篇幅的，如果一直使用肯定句会显得缺少变化而令人生厌。正文的开头必须以能够引发消费者兴趣的写法来写，即使不能引发消费者的兴趣，至少要有轻快的感觉，使人可以轻松愉快地读下去。适当加入俚语、外来语、流行语。

许多人错误地认为没有人会去读长文案，而事实上，一个写得引人入胜的长文案也会吸引较多的读者。因此，更需要细致地剪辑、编排。主题要单纯。简单、单纯的承诺，说的点过多，容易让消费者遗忘，甚至搞不清楚。

（二）广告视觉文化的设计

在广告设计过程中，思维和理念是重要的存在，同时还要注意图形符号利用的合理性。视觉符号的消费随着视觉技术的发展逐渐壮大，这是现代广告设计的机遇。在这个以图像为主要表现形式的时代，人们的思维方式已经转变为以视觉为主导的知识传递方式。要想实现更好的广告创意和表现效果，创作者就要充分了解接收者的心理需求和消费习惯，使图形的语言优势在创意中充分发挥。

人类借助视觉形象以一种独特的语言形式传递信息，这种形式就是图形。图形的一个显著特征就是能够以简洁明了的形象，在规定时间和篇幅内，将广告的主题和内涵准确传达给消费者，广告的易读性和可理解性由此产生，并给观众留下深刻印象。设计师应以图形的可视性和扩张力来吸引大众的视线和阅读兴趣，充分运用图形来诠释广告信息，使广告画面上的图形成为寓意饱满的图形语言符号，从而增强视觉传达的表现力，加深观者对事物深层含义的理解。

加强创意，以应对图形泛滥时代的视觉疲劳和注意力匮乏。图形符号的盛行，同时也使大众在图形消费过程中产生严重的视觉疲劳。无孔不入的广告图形占据着大众生活的方方面面，在广告的"饱和轰炸"下，受众必然要形成"大脑防御网"，过滤和排斥掉大多数广告，真正能引起受众感官注意且进入大脑的广告是极少数的。在人们走马观花式的视觉消费过程中，视线的片刻停驻都显得十分可贵，正是在这种情况下，对现代广告设计提出了更高的要求。设计师在充分利用图形符号的同时必须加强创意，以充满张力的画面表现形式，形成强视觉冲击力，满足人们视觉消费的高要求。

图形的显著特征有很多，但是在创作过程中过多地使用相似的图像会给观众带来视觉疲劳，也会使他们对广告内容的理解难度上升，甚至产生厌烦的情绪，不利于传达图形的视觉功能。如果人们辨别图形的过程太过复杂，那么图形功能的实现也就越困难。因此，广告创意一定要注意不能陷入不良的思维定式中。为了确保图形在传播过程中具有识别性和有效性，我们需要以一种独特的视角和独特的思维方式，对每个具体案例进行深入研究，以确保最终作品的独特性和唯一性。

三、数字影像中的交互广告设计

随着科技的不断进步，移动通信和互联网技术在科学技术的支持下逐渐走向兴盛，原有的信息传播途径已经逐渐改变，同时人们的消费观念也与从前大不相同。当前，人们的信息获取枢纽已经变成多元化的新媒体，因此，广告产业也逐渐发展成为新媒体模式。随着新媒体作为传播媒介的崛起，交互广告已成为未来广告发展的主流形式，为用户提供了自由选择和操作的机会，从而提升了用户的体验感。

（一）交互广告基本理论

1. 概念

交互广告也就是互动广告，是一种无反馈的广告传播模式，与消费者被动观看、接听的广告不同，为消费者提供了一种能够主动采取行动的广告类型。交互广告的核心在于激发消费者的情感共鸣，超越了传统媒介的限制。在传统的户外频道、杂志书籍、电视电台以及广告广播中，能够为消费者提供参与机会的广告都属于具有互动性的广告类型。网络广告是一种独特的传播方式，消费者通过点击广告链接或参与网络互动，可以感知产品，以获取资源。

2. 特点

互动性是交互广告的显著特质，受众能够在互动交流的过程中，扮演不同的角色，并掌控自己的话语主导权。

现在，借助新媒体手段发布广告后，反馈信息可以立即传达给发布者，还可以与信息反馈者进行及时的交流沟通，对广告设计的完善是很有益的。信息双方的关系会因为交互广告较强的互动性而发生改变。

交互广告的核心在于能够提供身临其境的体验感受。交互广告设计师以消费者为中心，通过构建多样化的场景并营造独特的氛围，为消费者带来独特的感官和情感体验，将商品信息准确传达给消费者。在互动中，消费者可以获得深刻的体验感，并且还能达到广告预期的宣传效果。

在现代网络、计算机和数字媒体等尖端技术强有力的支持下，广告主和消费者不再是互不沟通的状态，而是能够进行高效的互动和交流，这使传统广告传递信息和进行宣传的需求得到了充分满足，显示了新媒体对广告行业的推动作用。数字媒体环境中的广告制作，广告主要能够准确掌握受众的消费心理，按照消费者需求进行商品设计，以创新的设计获得消费者的重视，以周到的售前和售后服务赢得消费者喜爱。交互广告的个性化特点在这种独具特色的服务中得到了充分的体现。

（二）交互广告的发展情况

国内的交互性广告大多通过手机和电脑进行推广和传播，主要有网站，微博和微信，触控媒体三种广告类型。

网站广告的主要目的是为产品提供网站搭建服务，当消费者对商品有需求和兴趣时，他们可以通过登录网站了解商品信息，并享受互动体验和定制商品等服务。

微博和微信等社交平台成为广告主发布广告信息的热门渠道，在信息发布速度和传播范围方面具有明显的优势。

触控媒体广告可以将需要推广的内容通过数字媒体技术转化为具有趣味性的游戏、电影等形式，在客户休闲娱乐的过程中为其提供广告信息。

在国外，数字媒体技术被广泛应用于公共区域的广告宣传，尤其是在人流密集的地方，交互广告更是备受青睐。国外的互动广告呈现出多种形式，包括全息橱窗广告、多媒体互动投影广告以及数字电视广告等多种形式。

数字化的投影技术被应用于全息橱窗，广告主可以利用多媒体设备实现动态或静态广告信息的投射，这些拥有触控功能的设备，能够与消费者进行指令互动。

数字化的感应技术和独特的投影显示技术被巧妙地应用于多媒体互动投影广告中，创造出的场景，使消费者可以直接在虚拟环境中进行互动体验，方便信息的获取。

数字电视广告和传统电视广告在信息表达方式和技术方面存在显著差异，数字电视广告主要有增强型和植入型，是新颖的传播形式。

（三）交互广告的表现形式和设计原则

随着交互广告的盛行，商家们争相抢占市场，不断更新技术手段，使交互广告发展出引导型、选择型和体验型等多种表现形式。

在广告影像中设置问题或谜题，使观众通过外部设备改变故事情节，从而逐渐增强广告内容对受众的吸引力，这种广告形式被称为引导型广告。

在广告内容中采用选择型策略，引导观者自主选择情节节点，从而塑造剧情走向，增强观众的参与感。这就是选择型广告。

以跨学科领域的理念和技术为基础，体验型广告跳脱了传统的叙事方式，将声、光、电等技术与计算机技术相结合，将观者带入到虚拟环境中，使他们获得丰富多彩的感官体验。交互广告的设计旨在实现信息的精准传递，其传播方式强调信息与受众之间的双向互动，观众能在富有互动性的氛围中认识品牌。

交互广告的设计原则涵盖了多个方面，其中包括实时反馈交互信息的能力、简洁易用的交互界面、多样化的交互元素、虚拟互动场景以及可持续发展的交互媒介。

信息的及时反馈性能够使大众接收信息的过程更加及时、高效，广告商对反馈信息的处理也更加及时，这是交互广告的优点。交互广告的设计原则是简单、明了，在有序的信息构架和简洁的界面中将广告信息进行分级处理，这样用户在使用时就不会受到复杂程序的影响，对于受众来说，简单、方便的互动方式更能刺激人们的感官体验。

运用多元性原则，可以在广告设计中体现出视觉、听觉、触觉等感官元素，以及静态、动态影像，观众的感官体验在这种设计中得到充分满足。作为交互广告的核心原则，交互场景的虚拟互动性可以鼓励观众自主选择参与其中，以一种新鲜的方式使受众以极高的积极性参与到互动中，这样就可以实现广告内容的传播。在使用交互广告媒介时，必须遵循可持续发展的原则，不仅要满足大众的精神需求，还要充分利用媒介资源，以减少对环境的负面影响。

（四）数字媒体时代交互广告设计分析

当今社会中存在着各种各样的广告形式，内容也丰富多变，消费者的自由选择权也更大。在数字媒体时代，利用网络技术，交互式广告可以深入了解消费者的兴趣所在，这样的广告设计可以更有针对性，也能让内容和形式更加丰富、多变。传播平台和传播软件为交互广告提供了便利的创作条件，广告可以以受众的关注点和兴趣进行定制，在投放时间和空间上也更加便利，受众也能够更加自由地选择广告内容。这种方式可以加速销售额的转化速度，显著提升广告效果。

交互广告以新媒体技术为载体，以用户体验为核心价值取向，将图像视频、文字图表、动画音乐等信息媒介有机融合，为消费者提供了接受广告内容的多途径通道，实现广告效果最大化。在新媒体的影响下，交互式广告在新媒体技术的支持下可以完成商品信息的传递，也可以将便利的购买途径提供给受众。

利用互联网技术，在收看广告的同时人们就能够下订单购买商品，广告主和消费者在这种模式中都能够获得极大便利，也能够以最快的速度将广告信息转化为销售成果。为了帮助广告主更加精准地把握市场发展趋势，实现市场细分和广告投放，需要为他们提供更加精细的营销策略。随着社会和经济的发展，广告行业正面临着日益激烈的竞争，面对这种情况，广告与消费者之间的沟通逐渐被行业重视起来。获得消费者的反馈信息对广告主来说是及时、高效地掌握市场行情非常重要，通过研究、分析这些信息，可以精准地定位消费群体，并制定更加符合市场需求的营销策略，这是开拓市场的重要基础。广告商在新媒体技术的推动下，通过市场细分来确保广告投放的有效性。

（五）数字影像中交互广告的形式表现

1.行为互动的形式表现

交互广告的实质在于对用户行为进行深入的研究和精心的设计，受众的个性化需求以及用户与广告信息之间的互动，都可以以此实现。这样就能形成一个相互促进的生态系统，以良性循环的状态使大众参与广告行为，最终达到宣传的目的。

交互广告行为在数字影像语境的影响下具有虚拟视觉交互、行为触发交互以及语音识别交互这三种主要表现形式。

利用数字控制和多媒体技术等手段，以计算机技术为基础的虚拟视觉交互，构建了一个沉浸式的动态交互广告环境，给观者带来强烈的视觉冲击。

通过运用传感技术和人工智能等技术，用户可以通过轻触、长按和移动的手势引发不同的互动体验，这样的交互广告更加真实、有趣地展示了广告效果。

利用语音识别交互技术，在广告中引导用户发出语音指令就可以改变广告内容情节，用户的语言参与感和广告接受度获得极大提高。

交互广告以多种形式的行为互动，促使观众亲身体验广告宣传内容，刺激大脑形成有效的记忆节点，使受众对产品或品牌形成深刻记忆，这样不仅能使受众获得精神满足，还能促进他们的购买欲望。

2. 情感交互的形式表现

人们对于广告的要求在科技发展迅猛的社会形势下发生了较大的变化，单纯传递信息的功能已经不能满足广告受众对于情感的诉求和美感的追求。在情感交互的前提下，宣传物料的功能性与人的情感在交互广告中得以融合，受众群体的生理和心理双重体验都可以得到满足，进而实现品牌信息的良好传播效果，这也是受众对广告的认同感建立的原因。

情感交互在交互广告中呈现出感官刺激、故事叙述和趣味游戏三种不同的形式。情感交互指的是以情感的连通性为基础将人性化的内容展示出来，将与受众生活或理想相像的内容作为故事情节，将各种感官通过交互手段重叠在一起，这样就能让用户体验到跨越时空的奇妙感。游戏互动类的广告可以在设计师的精心设计下将观众带入既定的故事情节中，在激发观众感情共鸣的同时实现广告的宣传和品牌的营销。

从用户的行为习惯、个性偏好等多个角度出发，交互广告可以实现亲情、爱情和友情等情感的融合，这样就可以为品牌的广告宣传注入生命力，以情感共鸣的方式激发受众对品牌认知的积极性。

参考文献

[1] 向颖晰. 新媒体广告创意设计 [M]. 长春：吉林出版集团股份有限公司，2022.

[2] 胡凡. 互动广告创意设计 [M]. 长春：吉林美术出版社，2018.

[3] 魏星，李庆，邓东. 新媒体广告创意与设计 [M]. 合肥：合肥工业大学出版社，2019.

[4] 翁栋. 多维视角下广告创意与设计探索 [M]. 北京：北京工业大学出版社，2020.

[5] 侯玥. 网络广告创意与设计 [M]. 北京：中国传媒大学出版社，2017.

[6] 刘佳. 广告策划与创意设计 第2版 [M]. 武汉：华中科学技术大学出版社，2022.

[7] 李冬影. 广告设计 第三版 [M]. 武汉：华中科技大学出版社，2020.

[8] 姜智彬，秦雪冰. 新编广告学概论 [M]. 上海：上海人民美术出版社，2020.

[9] 刁玉全，皇甫晓涛. 数字媒体广告创意 [M]. 上海：上海大学出版社，2021.

[10] 李佳. 数字媒介下的广告创意研究 [M]. 北京：中国纺织出版社，2021.

[11] 姜不逊. 基于数字媒体艺术的现代广告设计研究 [J]. 鞋类工艺与设计，2022，2（12）：43-45.

[12] 龚莹莹. 字体设计在现代广告创意中的应用分析 [J]. 青海师范大学学报（社会科学版），2022，44（1）：160-164.

[13] 夏慧慧. 创意字体设计在现代广告设计教学中的应用 [J]. 大观，2020（12）：31-32.

[14] 林寰，张阳. 现代广告设计中的图形语言创新设计 [J]. 美术文献，2020（2）：116-117.

[15] 刘媛. 色彩构成艺术在现代广告设计中的运用 [J]. 参花（下），2020（1）：85.

[16] 费利君. 论现代广告创意的诉求变迁与未来走向 [J]. 合肥工业大学学报（社会科学版），2020，34（5）：121-125.

[17] 吴桥. 现代广告设计的创意策略 [J]. 新媒体研究，2017，3（15）：59-60.

[18] 黄华兰. 浅谈现代广告设计的创意表现 [J]. 艺术品鉴，2017（2）：69.

[19] 李菁. 论现代广告创意的视觉语言表达 [D]. 天津：天津科技大学，2013.

[20] 蔡珊珊，曾传柯. 浅析现代广告视觉传达的创意表现及发展趋势 [J]. 美术大观，2013（9）：106.

[21] 袁桦鑫. 数字影像语境下的交互广告设计研究 [D]. 天津：天津理工大学，2022.

[22] 郭子祺. 基于多感官体验的户外广告设计研究 [D]. 长春：吉林大学，2021.

[23] 沈敏玲. 数字背景下的环境媒体广告设计研究 [D]. 南京：南京艺术学院，2020.

[24] 尤权. 智媒时代下的交互广告设计与创新研究 [D]. 大连：鲁迅美术学院，2020.

[25] 闫烨文. 商业广告设计中的交互思维研究 [D]. 长春：吉林大学，2020.

[26] 陈婉贞. 新媒体时代下借势广告创意研究 [D]. 青岛：青岛大学，2020.

[27] 尹盼秋. 基于虚拟现实技术的广告创意变革研究 [D]. 苏州：苏州大学，2020.

[28] 徐晨曦. 综艺节目口播广告创意与表现研究 [D]. 开封：河南大学，2019.

[29] 李秀. 广告文案的创意写作研究 [D]. 长春：长春理工大学，2019.

[30] 计越. 微博原生广告的创意传播研究 [D]. 长春：东北师范大学，2019.